금붕어의 양자 컴퓨터 이야기

머리말

아직 존재를 알지 못하지만 외계인을 실제로 만나면 어떻게 될까? 외계인은 우리말을 모르고 우리는 외계인의 말을 모르는데, 의사 소통이 가능할까?

이런 일이 2021년 1월에 서울과학종합대학원aSSIST의 양자 컴퓨터 메커니즘의 이해라는 과목에서 발생했다. 2주간 24시간 동안 아무도 이해하지 못한다는 양자 컴퓨터의 원리를 "문송"해 하는 MBA과정에서 강의를 했다.

처음에는 내가 하는 말이 학생들에게 외계어로 들린다는 것을 몰랐다. 하지만, 질문이 외계어라는 것을 깨닫고 내 말 또한 학생들에게는 외계어라는 것을 깨달았다. 정보화 시대에 같은 한국어를 사용하는 사람끼리도 이렇게 말이 통하지 않다니…

하지만, 말이 통하지 않는다고 해서 사람의 의사가 소통되지 않는 것은 아니었다. 수강한 80여명의 학생들의 적극적인 참여와 노력으로 "왜 양자 컴퓨터의 원리를 이해하지 못하는지?"는 이해하고 강의를 마칠 수 있다. 이 강의 노트는 수업의 참여한 학생들의 성원에 힘입어 당시의 기억이 사라지기 전에 빨리 작성해 두는 것이다. 아직도 외계어가 많이 남아 있다.

대학교 1학년 겨울 방학에 서점에서 우연히 알게 된 주커브의 ≪춤추는 물리≫와 카프라의 ≪현대 물리학과 동양 사상≫을 읽고 양자 물리의 기이함을 알게 되었다. 수학을 전공하였지만, 순수 수학과는 잘 맞지 않았던 것 같고, 기회가 주어지고 마음이 가는 데로 진로를 정하다 보니 대학원에서는 기계공학을 공부하고 졸업 후에 증권회사에서 금융공학을 하게 되었다.

한참 동안 잊고 지내온 양자 물리를 최근에 이슈가 되고 있는 양자 컴퓨터를 통해서 다시 만났다. 이해할 수 없었던 얽힘 현상의 EPR 모순이 이제는 당연하게 여겨지고 더 나아가 이를 이용하여 컴퓨터를 만들고 있었다. 30년 만에 다시 양자 물리를 만나니 대학교 1학년 때의 겨울 방학이 생각나고 마음이 어려진 것 같아서 좋았다.

이 책은 수강한 학생들의 열정과 성원이 없었으면 나오지 못했을 것이다. 열심히 참여해준 학생들에게 감사 드린다. 책을 출판하기를 종용하신 aSSIT의 조동성 이사장님과 김문수 부총장님, 강의를 주선한 이병욱 교수 그리고 흔쾌히 출판을 맡아주신 김은중 사장님께 감사 드린다.

목차

머리말 • iii

1. 들어가면서 / 1

2. 고전 컴퓨터의 원리 / 11

2.1 고전 컴퓨터의 역사 13
2.2 비트(Bit) 20
2.3 부울 대수 27
2.4 정리하면 40

3. 양자 물리 소개 / 43

3.1 들어가면서 45
3.2 역사적 배경 51
3.3 중첩과 간섭 64
3.4 얽힘 79
3.5 정리하면 84

4. 양자물리에서의 수학 / 85

4.1 들어가면서 ······ 87
4.2 선형 대수학 ······ 88
4.3 브라-켓 표기 ······ 108
4.4 정리하면 ······ 122

5. 양자 컴퓨터의 원리 / 125

5.1 들어가면서 ······ 127
5.2 양자 게이트 ······ 130
5.3 양자 알고리즘 ······ 145
5.4 양자 암호 ······ 155
5.5 정리하면 ······ 163

참고도서 ······ 166

1

들어가면서

저자는 증권사에서 일하고 있는 퀀트Quant이다. 퀀트는 Quantitative Analyst의 줄인 말로서 직역하면 계량 분석가가 될텐데, 잘 사용하지 않으며 금융공학자라고 언급하기도 한다. 퀀트가 왜 양자 컴퓨터 이야기를 하는지에 의아해할 독자가 있을 것 같아서, 하고 있는 일을 잠깐 소개하고자 한다.

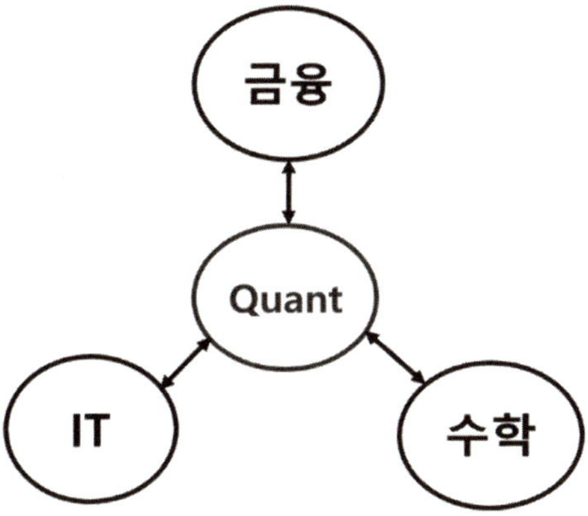

그림 1.1 퀀트

퀀트는 넓게 말하면 금융에서 나타나는 문제를 수학을 사용하여 모델링한 후에 이를 컴퓨터로 해를 구하는 작업을 한다. 이와 같은 절차로 문제를 해결하는 것은 이공계에서 이론을 전공하는 연구자들은 대부분이 하는 것이여, 최초의 퀀트는 뉴턴이라는 말을 하기도 한다. 90년대 소련의 붕괴로 군수 산업에 종사하던 많은 이공계 연구자rocket scientist들이 월가wall street로 진출하여 파생상품과 관련된 일을 하면서, 이공계의 연구 방법에 익숙하지 않은 상경계열의 금융권 사람들이 이들에게 붙인 이름이다.

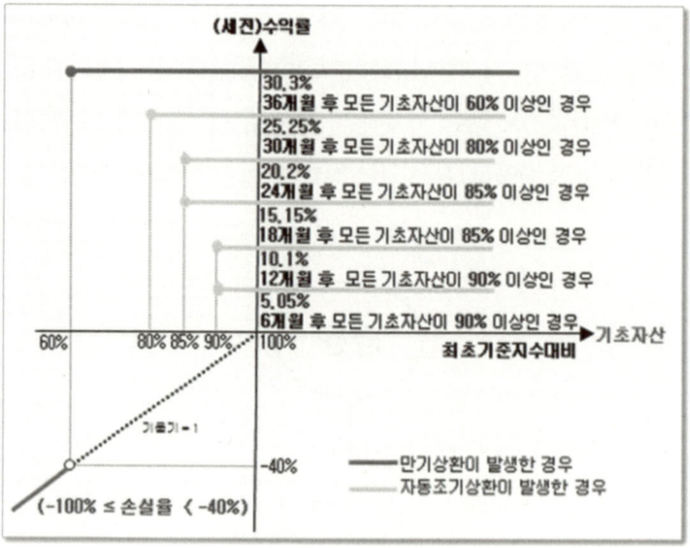

그림 1.2 ELS 만기 수익 구조

한국에서 좁은 의미로는 파생 상품의 가격 평가를 하는 전통적인 파생 퀀트와 최근 유행하는 인공지능을 이용하여 주식 투자나 핀테크FinTech에 응용하는 AI 퀀트로 구분할 수 있다. 저자는 오랫동안 파생 퀀트로서 일을 했고 주로 한국에서 크게 유행하고 있는 ELS주식연계증권, Equity Linked Securities를 담당하였다.

ELS는 대표적인 중위험, 중수익middle risk, middle return의 금융투자상품으로 국민 재테크 상품으로 각광을 받고 있다. 그림 1.2는 전형적인 stepdown형 ELS의 만기 수익 구조를 보여준다.[1] ELS에 투자하면 주식과 같이 매일 매일 ELS의 가격 정보를 제공 받는데, 이 가격은 시장에서 거래되는 ELS의 가격이 아니라 모델을 이용하여 계산한 가격이다. 발행 후, 만기까지 환매를 제외하면 ELS는 시장에 거래가 되지 않기에 시장가가 존재하지 않기 때문이다.

ELS의 가격은 투자자에게 가격 정보를 알려 주는 것 외에 발행자가 헤지hedge를 하기 위하여 사용한다. 헤지라는 단어를 일반인들은 보통 뉴스에 나오

1 그림에서 제시된 수익은 발행 시점에 따라 변경되므로, 투자 시에 상품 설명서를 꼼꼼하게 읽어야 한다.

는 헤지 펀드hedge fund라는 단어에서 많이 들어서 좀 나쁜 이미지를 가지고 있다. 그러나, 헤지의 순수 의미는 "위험을 피한다"라는 나름 좋은 의미의 단어이다.

ELS의 수익구조가 원금 손실의 가능성이 있지만 특정 조건을 만족할 시에는 은행 정기 예금에 비하여 높은 이자를 주는 구조이므로 주가가 상승하는 시기에는 투자자는 높은 수익을 기대할 수 있는 반면에 발행자인 증권사는 손실을 감수해야 하는 위험에 노출된다. 이때 이러한 위험을 회피할 수 있는 방법을 ELS의 가격에서 찾아낼 수 있다. 그림 1.3은 ELS 한 종목에 대하여 주가의 변동에 따른 가격 곡면을 보여준다. 이러한 가격 곡면을 발행한 ELS의 모든 종목에 대하여 계산하고 다양한 시장 가격 움직임의 시나리오 대하여 위험을 측정해야 한다.

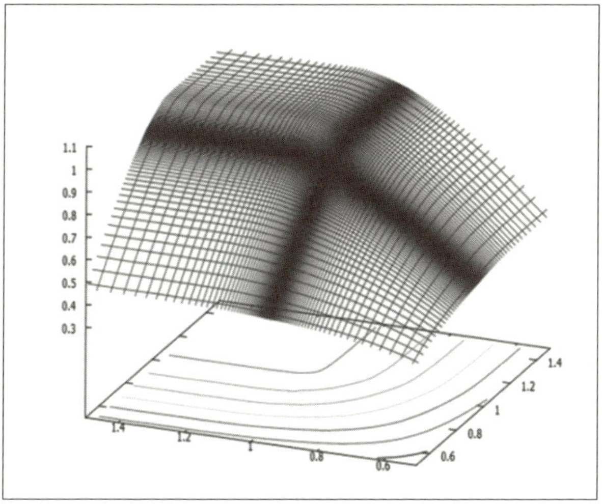

그림 1.3 ELS의 가격 곡면

이러한 분석은 대용량의 컴퓨터를 요구한다. 특히 시장이 많이 움직이는 경우에는 더욱 더 많은 컴퓨터의 용량이 필요하다. 폭락하는 시장에 대비하기 위하여 여러 가지 가능성의 시나리오를 미리 분석을 하여야 빠르게 시장에 대처할 수 있기 때문이다.

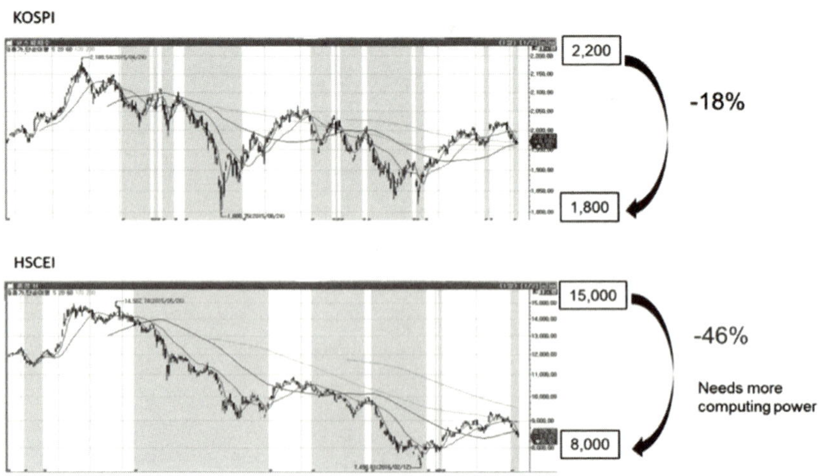

"Market의 변동성이 클수록 순간적이고 일시적인 컴퓨팅 파워를 요구함"

그림 1.4 시장 상황에 따른 컴퓨팅 파워

그러나, 시장은 언제 폭락을 할지 아무도 알 수 없다. 탈레브Taleb가 블랙스완Black swan으로 표현했듯이, 2020년 3월에 코로나로 인한 전 세계 시장의 대폭락과 같은 것은 아무도 예측할 수 없다. 그러므로, 컴퓨터 자원을 미리 준비해 두어야 한다. 하지만 어느 정도의 용량을 준비해야 할지를 결정하는 것은 쉬운 것이 아니다. 2020년 3월과 같은 최악의 상황을 대비하여 컴퓨터 용량을 미리 준비하는 것은 평소에 좀 심한 낭비가 된다. 반면에, 이런 위기 상황이 왔을 때 컴퓨터 자원을 갑자기 증설을 하는 것 또한 힘들다. 이런 고민하에 저자는 클라우드 컴퓨팅을 도입하여 원하는 시간에 원하는 만큼의 자원을 사용한다.

CPU를 사용하는 인프라를 구축한 후에, 보다 더 효율적인 계산 자원을 찾기 위하여 GPU와 FPGA등을 조사하고 있는 중에 2019년 10월에 구글이 양자우위Quantum supremacy를 달성했다는 뉴스를 접한다. 양자우의는 양자컴퓨터를 이용하여 기존에 있는 가장 빠른 슈퍼 컴퓨터보다 더 빠르게 계산한다는 의미이다. 구글의 이런 깜짝스런 뉴스에는 많은 논쟁이 있었다.

먼저 가장 빠른 슈퍼 컴퓨터를 보유하고 있는 IBM이 슈퍼 컴퓨터를 더 정교하게 튜닝하면 구글이 주장한 시간 보다 더 빨리 계산 가능하다고 발표했다. 이는 양자우위가 아닐 수도 있다는 주장이다. 그리고, 실제로 구글이 양자컴퓨터를 가지고 무엇을 계산했는지도 의문스럽다.

Goolge Sycamore chip
(2019년 10월)

그림 1.5 양자우위

이런 논쟁 속에서 구글의 양장우위 달성에 관한 뉴스는 더 화재거리가 되어서 양자 컴퓨터에 대한 관심이 커지게 되었다. 실제로 구글이 양자 컴퓨터에 대한 발표가 있기 오래 전부터 IBM이 이 분야에서 연구를 계속 진행했고 클라우드 서비스로 양자 컴퓨터를 제공하고 있었다. 본격적으로 IBM과 구글의 양자 컴퓨터에 대한 경쟁이 시작된다.

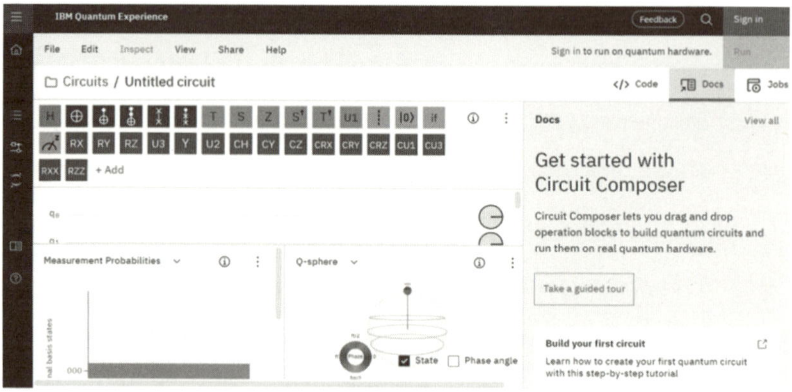

그림 1.6 IBM Q Experience

구글과 IBM의 경쟁으로 다른 다국적 IT 기업 또한 양자 컴퓨터에 많이 진출하게 되었다. MS, 아마존, 인텔, 삼성이 양자 컴퓨터 사업을 선언하고 클라우드 서비스를 약속하며 스타트업 회사와 제휴를 했다. 경쟁적으로 발표한 양자 컴퓨터의 시간표는 2020년에 전 세계에 유행한 코로나19로 많이 지체되기는 했지만 나름 진전이 있었다. 한 예로 그림 1.7에서 볼 수 있는 MS의 Azure에서 제공하는 양자 컴퓨터 서비스이다.

그림 1.7 MS Azure Quantum

많은 거대 기업들이 양자 컴퓨터 사업에 참여하지만, 양자 컴퓨터에 대한 회의론 또한 있다. 고려대학교 조동현 교수는 "이런 일양자정보학 연구을 해본 물리학자라면 그런 걸 다 알고 있다고 생각한다. 양자컴퓨터를 만든다는 건 그냥 불가능simply impossible하다"[2]라고 단정적으로 말했다. 음속보다 빠른 비행기를 개발할 때, 이는 불가능하다고 주장하는 이론 논문이 있었다. 또, 불가능한 것에 도전하다가 우연하게 다른 부산물을 얻으면서 과학 기술이 발전한 경우도 있다.

또한 양자 컴퓨터에 대한 뉴스를 접한 일반인들은 양자 컴퓨터에 대한 환상을 가져, 현재 유행하고 있는 인공지능과 양자 컴퓨터를 결합하여 마음만 먹으면 모든 것을 다해주는 기계를 상상한다. 어떤 사람은 인류가 곧 특이점 singularity을 맞이할거라고 걱정을 하기도 한다. 특히, 이해할 수 없는 양자 역학의 중첩, 간섭, 얽힘의 현상을 실생활에서 적용을 하는 공상을 하기도 한다.

이 책에서는 양자 컴퓨터의 실현 가능성, 경제성, 또는 양자 컴퓨터가 바꿀 미래의 현실에 관해서는 언급하지 않는다. 저자 또한 잘 모른다. 여기서는 양자 컴퓨터의 작동 원리와 양자 알고리즘에 관하여 설명한다. 2장에서 고전컴퓨터의 원리를 먼저 설명하고 3장에서 양자 컴퓨터의 기초가 되는 양자 물리에 대하여 설명한다. 그리고, 양자 물리를 기술하는데 필요한 양자 수학을 4장에서 소개하고 5장에서 양자 컴퓨터의 원리를 설명한다.

2 주간조선, "양자컴퓨터 회의론 조동현 고려대 물리학과 교수"에서 인용

2

고전 컴퓨터의 원리

2.1 고전 컴퓨터의 역사
2.2 비트(Bit)
2.3 부울 대수
2.4 정리하면

음악이나 문학의 경우에 고전classic이라는 단어는 적어도 100년은 지난 작품에 붙일 수 있는 것 같다. 그러므로, 아직도 최첨단 기계인 컴퓨터에 고전이라는 단어는 많이 어색하다. 고전 컴퓨터라는 단어 대신에 기존 컴퓨터 또는 현재 컴퓨터라고 하는 것이 더 어울리겠다.

그러나, 양자 역학을 전공하는 물리학자는 양자 효과가 나타나지 않는 고전 역학뉴턴 역학이 지배하는 길이 스케일의 모든 것에 고전classic이라는 단어를 붙이는 경향이 있다. 이러한 연유로 양자 컴퓨터를 전공하는 사람들은 양자 컴퓨터가 아닌 기존 컴퓨터를 고전 컴퓨터라고 한다.

2.1 고전 컴퓨터의 역사

2016년에 상영된 영화 히든 피겨스는 1962년대의 나사NASA의 우주 임무 그룹에서 일하는 세 명의 흑인 여성들의 이야기를 다룬다. 당시 미국은 소련이 쏘아 올린 인공위성 스티푸니크의 충격으로 과학 교육 과정을 전면 수정하고, 나사를 설립하여 우주 탐사 계획을 수립한다. 나사에서 주인공들의 업무는 엔지니어들을 보조하여 새롭게 설계한 비행체의 궤도를 계산하는 것이다. 계산 작업의 효율성을 위하여 IBM에서 새로 개발한 기계를 도입하기로 결정하자 이들은 실업자가 될 신세가 된다. 하지만, 주립 도서관에서 훔친 포트란 입문을 공부하여 새로운 기계의 운영자operator로 성공적으로 변신을 한다. 당시에 주인공들의 직업명이 컴퓨터computer, 계산원이다. 그 후에 이들을 대신한 IBM 기계가 오늘날과 같이 컴퓨터라는 이름을 가지게 된다.

그림 2.1 영화 ≪히든 피겨스≫

영화에서 보듯이, 계산원들은 암산으로 계산하는 것이 아니라 계산기를 이용한다. 동양에서 주판을 사용했듯이 유럽에서는 오래 전부터 계산을 할 수 있는 계산기를 개발하였다. 파스칼1642년과 라이프니츠1673년의 원시적인 기계식 계산기가 있고, 최초의 기계식 컴퓨터로 평가하는 배비지1822년의 계산기가 있다. 당시 유럽은 동양에 비하여 상업이 발달하여 회계 장부 작성과 세금을 계산할 인력이 필요하지만 상대적으로 인구밀도가 낮아 고급인력이 부족하여 기계식 계산기가 발달하였다.

기계식 계산기는 톱니 바퀴기어, gear의 원리를 이용한다. 한 바퀴가 10번 회전하면, 왼쪽에 있는 높은 자리에 해당하는 바퀴가 1번 회전하도록 기어로 연결되어 있다. 같은 원리를 사용하는 것이 기계식 시계이다. 시계에서는 초침이 60번 회전하면 분침이 1번 회전하고, 분침이 12번 회전하면 시침이 1번 회전하도록 기어로 연결되어 있다.

파스칼(1642년)

라이프니츠(1673년)

배비지(1822년)

콜로서스 (1943년):
최초의 전자식 계산기

그림 2.2 초창기 계산기

영국에서 증기기관을 이용한 산업혁명이 발생한 후, 19세기 중반에 유럽 대륙을 가로지르는 철도가 깔린다. 기차가 운행이 됨에 따라서 일반인들이 시간을 정확하게 알아야 하는 필요성이 대두되어 시계 산업이 발달한다. 시계를 점점 더 작게 만들어 개인에게 보급하기도 하고, 반대로 광장에 대형 시계탑을 설치하여 많은 사람들이 공유하기도 했다. 런던 시계탑 빅 벤Big Ben은 현재도 런던의 랜드마크이다.

대형 시계탑은 종종 장식용으로 정오에 노래 소리와 함께 인형들이 나와서 움직이면서 사열을 한다. 우리나라에서도 80년대 후반에 롯데 월드 시계탑의 인형을 많은 사람들이 모여서 구경하였다. 이러한 인형을 오토마타automata, 자동자라고 한다. 오토마타는 "스스로 움직인다"라는 의미를 가지며 "여러 가지 기계장치로 움직이는 인형이나 조형물"을 지칭한다.

시계 산업의 발전과 더불어 오토마타의 발달로 유럽의 지식인들은 오토마타가 지능을 가지는 것을 상상했고, 그 결과로 카를로 콜로디의 피노키오 동화가 나왔다. 동화에서 피노키오를 안토니오라는 아주 유명한 목수가 만든 것으로 나오는데, 이 사람을 시계를 만드는 시계공으로 볼 수 있다. 그리고, 동화에서 피노키오가 거짓말을 하면 코가 길어진다는 설정을 하였는데, 이는 거짓말을 탄로나지 않게 잘하려면 기억력이 좋아야 하는데, 당시 톱니바퀴 기술로는 메모리를 구현하는 것이 쉽지 않다는 것을 나타낸다.

리처드 도킨스의 ≪눈먼 시계공≫이라는 책 제목에서나, "시계와 같이 복잡한 물건은 보면 시계공을 생각해야한다."라는 말에서 시계공은 창조주를 상징한다. 당시의 시계공은 오늘날의 최첨단 AI를 연구하는 공학자로 볼 수 있다. 기계론적인 사고가 팽배하여 시계를 만드는 톱니바퀴 기술을 이용하면 인간과 같은 지능을 가진 오토마타를 제작할 수 있을 거라는 생각이다.

더 나아가서, 유명한 수학자 힐베르트1862년~1943년는 수학적 형식체계를 구성하여 그 안에서 나오는 명제를 계산을 통하여 증명하는 기계를 상상하였다. 그가 젊은 수학자들을 독려하여 많은 수학자들이 수학적 형식 체계에 대하여 연구에 몰입을 하였다.[3] 하지만, 막상 기계에 대한 이해는 그다지 깊지 못한 상태였다.

기계에 대한 이해는 단지 복잡도complexity 정도로 이해하였다. 시계가 복잡한 기계로 인식이 되었기에, "시계를 자동으로 만드는 기계"가 있다면 이것은 더욱 더 복잡한 기계가 될 것이다. 이러한 생각을 재귀적recursive으로 반복하면, 기계의 복잡성은 무한대로 증가하게 될 것이다. 반면에, 생명체는 자기와 유사한 정도의 복잡성을 가지는 개체를 재생산하므로, 기계의 입장에서 볼 때 생명체의 복잡성은 유한하며 가장 크다고 볼 수 있다.

3 1931년 괴델이 "모든 공리 체계는 증명할 수 없는 모순을 가지는 명제를 가진다"라는 불완전성 정리를 발표하여 힐베르트의 계획은 무산된다.

기계에 대한 이론을 본격적으로 연구한 사람은 튜링1912년~1954년이다. 튜링은 그의 박사학위 논문에서 범용 튜링 머신을 제안하였고, 이것은 기계 계산의 능력과 한계를 증명한 것이다. 범용 튜링 머신은 상상할 수 있는 가장 강력한 기계의 수학 모델이며 오늘날의 컴퓨터와 매우 유사하다. 그래서, 흔히 튜링을 컴퓨터의 할아버지라고 일컫고, 전산학에서 튜링상은 노벨상의 권위를 가진다.

그림 2.3 튜링 테스트

튜링은 기계가 어떤 상태가 되면 지능을 가진 것으로 볼 수 있는지에 대한 튜링 테스트를 제안했다. 기계와 사람이 대화를 할 때, 대화 상대방이 기계인지 사람인지를 구분하지 못하면 기계가 지능을 가지는 것으로 인정하는 것이다. 이와 유사한 테스트로 중국어 방이 있다. 여기에는 중국인이 아닌 인간과 기계가 중국인척 할 때 어느 쪽이 기계인지를 찾는 것이다. 일종에 "중국인척 거짓말 하기" 대회인 것이다. 이러한 테스트를 통과한다고 해서 지능을 가지는 건가에 대해서 많은 논쟁이 있지만, 기술의 관점에서 볼 때, 거짓말을 하면 코가 길어지는 피노키오에 비하면 많은 진전이 있다.

Electronic Numerical Integrator And Computer

그림 2.4 폰 노이만과 ENIAC

튜링이 컴퓨터의 할아버지라면, 컴퓨터의 아버지는 폰 노이만1903년~1957년이다. 폰 노이만은 수학의 많은 분야에서 열거할 수 없을 정도로 많은 일을 하여서 수학자들 사이에서 악마라는 별명을 가지게 되었다. 일화로서 수학자들이 한번 모여서 폰 노이만이 악마인지 아닌지에 대하여 논의를 했는데, "폰 노이만이 진짜 악마라면, 악마라는 것을 숨기기 위하여 인간인 척하기 위하여 가끔 인간적인 행동을 연기할 텐데, 악마가 그렇게 연기를 못할 리가 없다."라는 주장에 모두가 동의하였다. 또 다른 일화로 헝가리 태생으로 노벨상을 받은 물리학자 유진 위그너가 기자로부터 "왜 헝가리에 그렇게 뛰어난 천재가 많습니까?"라는 질문을 받았을 때, "천재가 많다니요? 천재는 오직 폰 노이만 한 사람뿐입니다."라고 대답했다.

폰 노이만이 컴퓨터를 만든 계기는 난류turbulent flow에 대한 연구 때문이다. 오늘날에도 난류는 매우 어려운 문제로 분류되며, 난류를 지배하는 나비어-스톡스 방정식Navier-Stokes equation의 해의 존재성 증명은 클레이 수학연구소에서 제시한 밀레니엄 문제Millennium Prize Problems로 상금이 걸려있다. 비행기로 여행할 때, 이륙 후에 안전벨트를 풀고 편하게 있을 때, 갑자기 안전벨트를 다시 매라는 경보음이 울리면서 기장이 기체가 "난류"를 통과하는 중이라는 안내 방송이 나오는 경우가 종종 있다. 이러한 난류는 성층권에서 매우 큰 스케일로 형성된 것이고, 담배 연기와 같이 작은 크기의 난류도 있다. 난류 연구에서는 나비어-스톡스 방정식의 해석해가 없기 때문에 수치 시뮬레이션이 중요한데, 폰 노이만이 볼 때 다른 사람들이 자기만큼 계산을 빨리 하지 못하기 때문에 이를 도와주기 위하여 계산기를 만드는 프로젝트를 수행하였다.

폰 노이만이 만든 계산기가 기존의 계산기와 다른 독특한 구조를 가지기에 폰 노이만이 만든 ENIAC를 컴퓨터의 시초로 본다. 기존의 기계는 기계의 기능을 톱니바퀴 구조를 이용하여 구현을 한다. 기계의 기능을 변경하고자 하면 톱니바퀴의 연결 구조를 변경하여야 한다. 그러나, 폰 노이만은 기계의 기능을 명령어로 분리하고, 명령어를 데이터와 함께 저장하는 방식으로 기계를 구성하였다. 이 방식이 오늘날 대부분의 컴퓨터에서 사용하는 폰 노이만 구조이다. 예를 들면, 예전에는 워드 프로세서, mp3 플레이어, 비디오 플레이어, 게임기라는 기계를 각각 구매했지만, 오늘날에는 컴퓨터라는 기계를 하나 구매하고 필요한 기능의 앱app을 설치하여 사용한다.

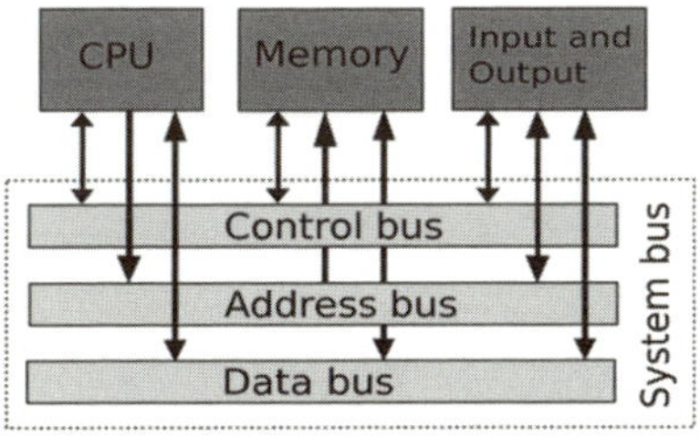

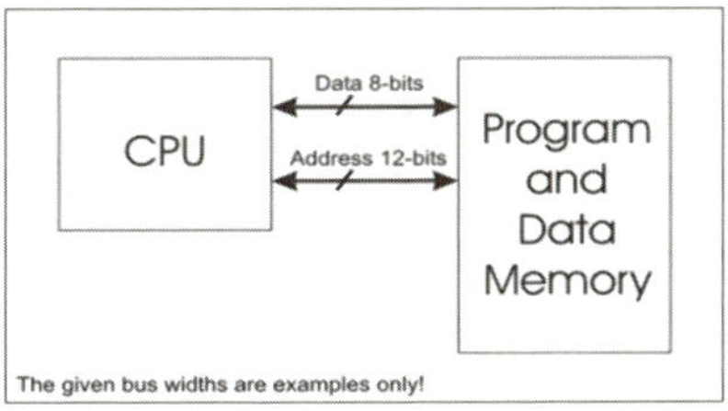

그림 2.5 폰 노이만 구조

폰 노이만이 ENIAC를 만들 때는 진공관을 사용하여 부피가 집채만 했고 전력 소비가 엄청나서 주위가 정전이 되었다고 한다. 오늘날에는 직접 회로 기술의 발달로 수십억 개의 트랜지스터로 구성된 회로를 좁은 공간에 밀집시켜 소형 경량화하여 주머니 속에 넣고 다닐 수 있게 되었다.

코어 수: 2 ~ 8
프로세서 기본 주파수: 1.5 ~ 3 GHz
트랜지스터 수: 4억 ~ 40억

그림 2.6 PC의 메인보드와 CPU

2.2 비트(Bit)

"디지털 시대에 살면서 아날로그의 감성에 주목한다"라는 말이 있듯이, 아날로그analog와 디지털digital이란 단어가 보편화 되었다. 이 단어들의 뜻을 묻는 것이 도리어 이상해졌다. 아날로그를 네이버 국어사전에서 찾아보면 "어떤 수치를 길이라든가 각도 또는 전류라고 하는 연속된 물리량으로 나타내는 일"이라고 나와있는데 쉽게 이해되지 않는다. 그림 2.7에 여러가지 기기들의 아날로그 버전은 왼쪽에, 디지털 버전은 오른쪽에 나타나 있다. 오른쪽에 있는 제품들이 더 친숙해 보이는 걸로 봐서 디지털 시대를 살아가는 것은 맞는 것 같다. 그런데, "아날로그 감성"은 무슨 뜻일까? 왼쪽에 있는 제품에서 특별한 감성이 느껴진다는 것인데…

그림 2.7 아날로그 기기와 디지털 기기

아날로그와 디지털의 차이는 "연속 값을 가지는 정보의 측정, 저장, 전달, 표현의 차이"로 설명할 수 있다. 자연계에서 측정되는 값은 양자 효과를 무시하면 실수real number로 표현되는 연속 값을 가진다. 이를 다른 매질을 이용하여 유사한) 형태로 표현하면 아날로그가 된다. 그림 2.7의 왼쪽 상단의 LP판은 소리의 파동이 가지는 압력의 변화를 최대한 흉내 내는 홈을 가지고 있다. 이 홈이 소리에 대한 정보를 저장하고 있는 것이다.

그림 2.8은 아날로그 방식으로 정보를 표현하는 것을 보여준다. 왼쪽 상단의 그래프로 표현된 특정 정보를 오른쪽 상단의 조화 진동을 하는 매질을 이용하면 하단과 같이 저장할 수 있다. 이것을 이용하여 정보를 저장하거나 전달을 할 수 있다. 정보를 수신한 사람은 역가공을 하여 송신자가 보내는 정보를 다시 추출한다. 이러한 방식이 아날로그이다.

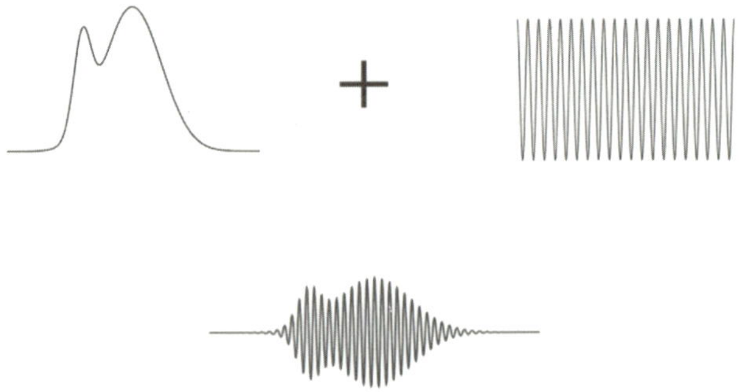

그림 2.8 아날로그 개요

이에 반하여 디지털은 각각의 측정값을 숫자로 표현한다. 자연계의 측정값은 실수real number 값을 가진다는 것에 다시 한번 주의하면, 이를 정확하게 표현하기 위해서는 무한대의 유효숫자가 필요하므로, 실제로는 불가능하다. 현실적으로는 측정값의 가장 작은 크기를 설정한 후에, 이것의 정수배로 측정값을 표현하는 방식이 가장 적절하다. 그러므로, 디지털 표현에서는 자원의 한계로 인하여 무한개의 유효숫자를 모두 표현하지 못하는 절단오차truncation error가 항상 발생한다.

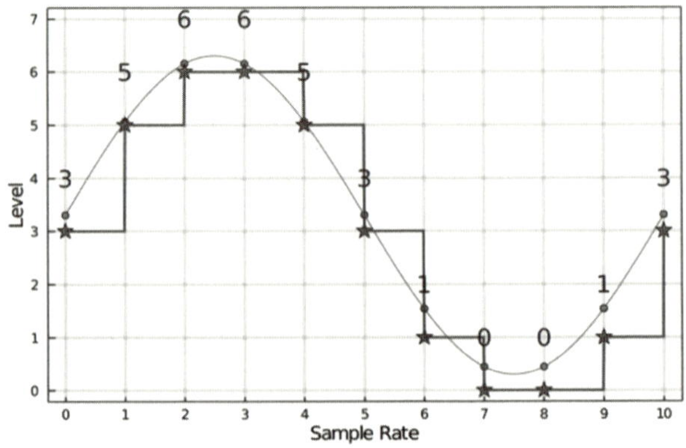

그림 2.9 A/D 변환 보기

그림 2.9에서 주어진 신호를 디지털로 변환하는 예로 보여준다. 신호는 싸인 곡선의 형태를 가진다. x축과 y축의 최소 단위를 설정하여 좌표축을 구성한다. 샘플링 간격에 따라서 값을 추출하면 원형 마크로 표현된 값이 입력되지만 절단 오차로 인하여 별표로 마크된 값이 인식된다. 최종적으로 디지털로 표현된 값은 계단 모양의 곡선이 된다. 처음의 싸인 곡선 모양과 계단 모양의 곡선 사이에 절단오차가 있는 것을 볼 수 있다.

흔히 아날로그 방식은 오차가 많은 데 비하여 디지털 방식은 오차가 없는 것으로 생각하는 경향이 있다. 그러나, 앞에서 본 것 같이 디지털 방식은 항상 절단 오차를 가진다. 예로서 음악 애호가들은 mp3 음원을 이용하여 음악을 들을 때 고음 영역이 왜곡되는 것을 인지한다. mp3에서는 압축 효율을 높이기 위하여 고음 영역을 제외하기 때문이다.[4]

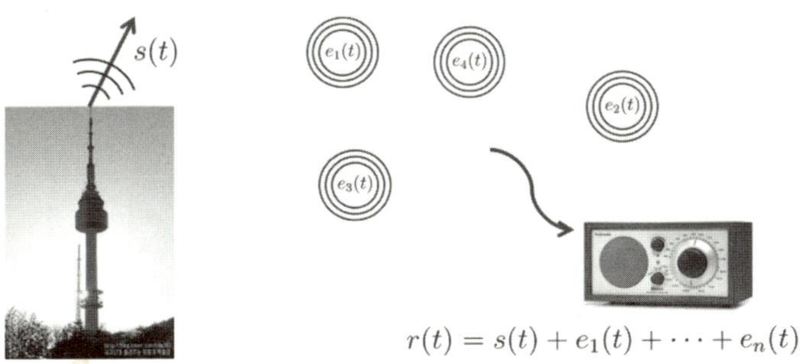

그림 2.10 신호(signal)와 잡음(noise)

그러나, 정보를 저장하거나 전달할 때는 아날로그 방식에 비하여 디지털 방식이 오류를 줄일 수 있다. 요즘은 차에서 가끔 듣는 아날로그 AM 라디오를 생각해 보자.[5] KBS 제1라디오의 AM 주파수는 711kHz이다. 이는 그림 2.8의

4 저음 영역은 스피커의 성능에 의존한다. 우퍼(woofer)나 서버우퍼(subwoofer)를 추가적으로 설치하여 저음과 초저음 영역을 재생한다.

5 AM은 진폭변조(Amplitude Modulation), FM은 주파수변소(Frequency Modulation)를 의미

오른쪽 상단에 있는 전파의 진동수를 의미한다. 그림 2.8의 하단과 같이 정보를 711kHz의 주파수의 진폭에 넣어서 방송국에서 송신을 하면, 청취자의 라디오는 711kHz의 주파수를 가지는 전파만을 골라서 정보를 역추출하여 스피커를 통하여 소리를 낸다. 하지만, 라디오 안테나에 잡히는 711kHz의 주파수를 가지는 전파는 방송국에서 송신하는 것뿐만 아니라, 일상에서 발생하는 수 많은 전자파 중에서 같은 주파수를 가지는 것도 포함한다. 이것은 잡음노이즈이다. 정보가 특정 주파수711kHz라는 특징 외에 다른 것이 없기 때문에 잡음이 같은 주파수이면 신호와 잡음을 구분하기 어렵다. 그래서, 아날로그 AM 라디오는 노이즈에 취약해지고 음질이 떨어진다.

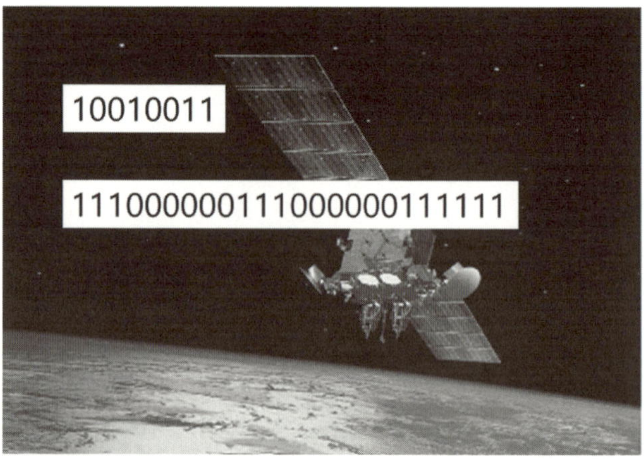

그림 2.11 디지털 오류 정정 코드의 보기. 같은 숫자를 세번 반복해서 전송한다.

아날로그에 비하여 디지털 방식은 다양한 패턴을 추가하여 오류를 정정할 수 있다. 그림 2.11은 인공위성과 기지국간의 통신을 나타낸다. 위성이 발사하는 전파의 세기는 미약할 것이고 기지국까지 전송될 때 노이즈가 많은 매우 열악한 환경이다. 아날로그 방식으로 통신을 하면 노이즈 대비 신호 비율이 낮기

한다. 현재는 노이즈에 강하여 음질이 좋은 FM 라디오를 더 많이 이용하지만, 설명의 편의를 위하여 AM 라디오의 예를 든다.

때문에 통신이 어려워진다. 간단하게 생각할 수 있는 오류 정정 코드error correction code로 디지털로 전환한 정보를 세번씩 반복해서 전송하는 것이다. 오류가 발생하지 않으면, 같은 숫자가 세번 반복된 것을 수신할 것이다. 오류가 한번 발생하면 두개는 같은 숫자, 나머지 하나는 다른 숫자를 수신한다. 같은 두개의 숫자를 신호로 인식하면 오류를 수정할 수 있다. 하지만 오류가 두번 발생한 경우에는 오류를 수정할 수 없다. 환경이 생각보다 열악하여 오류가 두번 발생하는 경우가 자주 발생하면, 정보를 세번씩 전송하는 방식을 다섯번씩 전송하여 오류를 수정할 수 있다. 환경이 생각보다 좋아서, 세번씩 전송하는 것이 자원을 너무 낭비하는 것으로 판단되면 패리티 검사parity check 방식으로 오류를 검사하여 효율성을 높일 수 있다.

인지하지는 못하지만 효율적인 오류 정정 코드 덕택에 디지털로 변환된 정보는 오류가 없는 것으로 인식된다. 예전에 LP판을 매우 조심스럽게 다룬 것에 비하면 CD는 매우 편하게 다루는 편이다. 판에 먼지가 앉거나 긁힌 자국이 생기면 LP는 잡음이 발생하지만, CD에서는 오류 정정을 하여 잡음을 제거한다.

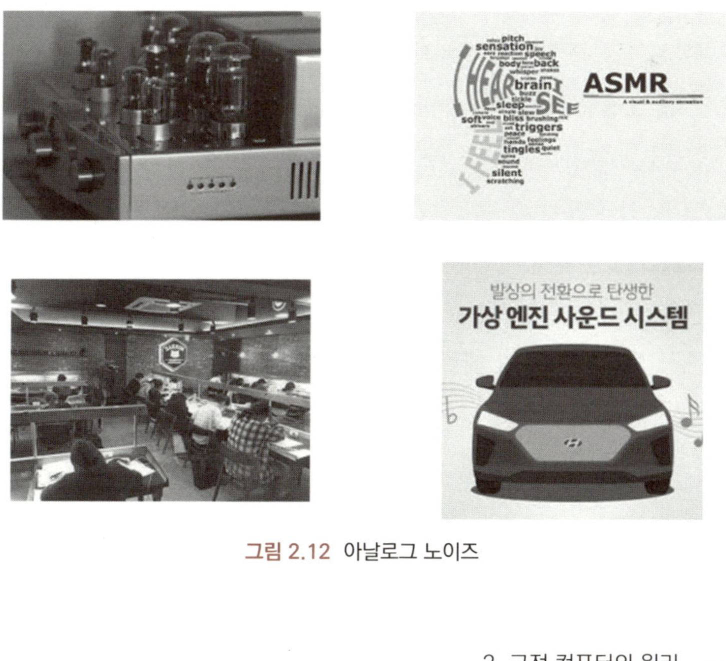

그림 2.12 아날로그 노이즈

디지털 방식이 잡음을 제거하는 것이 항상 좋은 것만은 아닌 것 같다. 음악 애호가들은 아직도 비싼 진공관 앰프를 선호한다. 진공관 앰프에서 나오는 소리가 좀 더 따뜻한 느낌을 준다고 한다. 공학자들은 진공관을 구동할 때 사용하는 열에서 나는 열잡음이 이러한 효과를 주는 것으로 분석한다. ASMR자율 감각 쾌감 반응, Autonomous Sensory Meridian Response이라는 이름으로 일상 잡음을 녹음하여 듣는 것이 유행하고, 대학생들이 공부하기 편한 곳으로 너무 조용한 도서관보다 커피숍과 같이 백색 잡음white noise이 어느 정도 있는 곳을 선호한다. 다른 예로서 조용한 전기차에 인위적인 엔진 소리를 추가한다. 이러한 것은 인간의 뇌가 자연스럽게 생기는 잡음에 적응하면서 진화하여 편안함을 느끼는 것으로 추정된다.

$$1234_{10} = 1 \times 10^3 + 2 \times 10^2 + 3 \times 10^1 + 4 \times 10^0$$

$$\text{4D2}_{16} = 4 \times 16^2 + 13 \times 16^1 + 2 \times 16^0$$

$$10011010010_2 = 1 \times 2^{10} + 0 \times 2^9 + \cdots + 1 \times 2^1 + 0 \times 2^0$$

그림 2.13 숫자의 10진법, 16진법, 2진법 표기의 보기

디지털은 신호를 숫자를 이용하여 표현하는 방식이라고 하였다. 일상 생활에서 숫자를 표현할 때에는 10진법을 사용하지만, 항상 10진법을 사용해야 하는 이유는 없다. 그림 2.12에서 1234를 10진법, 16진법, 2진법으로 표기한 예를 나타냈다. 이 중에서 편리한 것을 채택하면 된다. 자릿수저장 공간의 관점에서 보면 16진법이 2진법에 비하여 간결하지만, 각 자리에 필요한 심볼의 개수는 16진법은 16개0,1, …, 9,A,B,C,D,E,F이고 2진법은 2개0,1이다. 심볼의 개수가 적을수록 오류에 더 안정하기 때문에 현재의 컴퓨터는 2진법을 사용한다. 2진법의 각 자리를 비트bit라고 한다.

그러므로, 비트는 정보를 표기하는 최소 단위이며, 0 또는 1의 값을 가진다. 실제로 이를 물리적으로 구현하기 위해서는 임의의 서로 다른 두개의 물리 상

태에 하나를 0이라 간주하고 다른 하나를 1이라고 간주한다. 예로서, 깃발을 올린 상태를 1, 내린 상태를 0이라 할 수 있다. 컵에 물이 있으면 1, 없으면 0이라고 해도 된다. 전구에 불이 켜진 상태를 1, 꺼진 상태를 0으로 할 수 있다. 현재 컴퓨터에서 비트는 그림 2.12와 같이 전압을 이용하여 전압이 높은 경우가 1을, 낮은 경우가 0을 표현한다.[6]

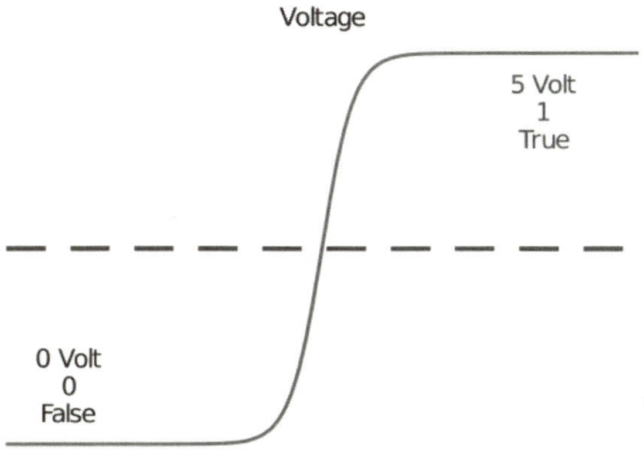

그림 2.14 전압을 이용하여 표현한 비트

2.3 부울 대수

비트를 이용하여 정보를 표현한 후에, 유용한 계산이나 처리를 하기 위해서는 조작manipulation 또는 연산operation을 하여야 한다. 비트 연산의 가장 기초적이며 근본적인 연산은 부울 대수Boolean Algebra이다.

Algebra라는 명칭은 페르시아의 저명한 수학자인 알콰리즈미783년 ~ 850년의 저서 al-jabr wa al-muqabala약분 소거 계산론을 라틴어로 음차한 것이다. 이

6 전압이 걸리면, 옴의 법칙에 따른 전류가 흐른다. 그러므로, 전류가 흐르는 상태가 1, 그렇지 않은 상태가 0을 표현한다.

책은 유클리드의 원론element 와 함께 중세 유럽 대학의 교과서였다. 알콰리즈미의 이름에서 전산학에서 사용하는 알고리즘algorithm 이라는 단어도 나왔다. 대수代數 라는 번역어는 숫자 대신에 문자를 사용하여 연산을 한다는 것에 착안한 것이다. 초등학교 저학년에서는 숫자를 가지고 사칙연산을 연습하다가, 어느 순간에 숫자 대신에 a, b, x, y와 같이 문자를 이용하여 연산을 하기 시작한다. 산수算數 에서 대수代數 로 바뀐 것이다.

부울 대수는 부울George Boole, 1815년~1864년 이 개발한 논리학 연산이다. 고등학교 수학에서 배우는 명제의 연산에 해당한다. 여기서는 간단한 논리 연산에서 시작하여 2진법 가산기adder 를 만드는 것까지 소개한다.

비트를 연산하기 위해서는 비트를 자유롭게 조작할 수 있어야 한다. 앞에서 비트를 전압을 이용하여 표현하였기에, 전압또는 전류 을 조정하기 위한 스위치swtich 가 필요하다. 폰 노이만이 사용한 진공관이 이러한 전자식 스위치에 해당한다. 요즘은 진공관을 대체한 트랜지스터를 사용한다.

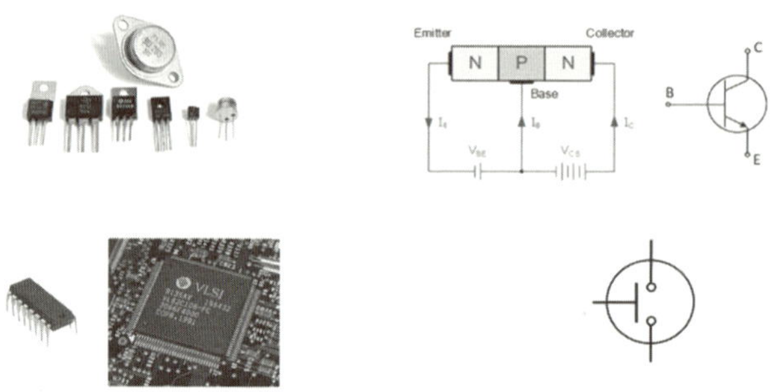

그림 2.15 트랜지스터

트랜지스터transistor 는 1947년 미국의 벨 연구소에서 발명하였고, "변화하는 저항을 통한 신호 변환기"transfer of a signal through a varister 를 의미한다. 저마늄Ge, 게르마늄 또는 실리콘Si 과 같은 반도체에 불순물을 추가하여 p형positive

과 n형negative 을 만든 후에, 그림 2.15의 오른쪽 상단과 같이 n-p-n으로 접합하여 E, B, C를 단자를 만든다. 일반적인 상태에서 C와 E사이에 순방향의 전압을 걸어도 전류가 흐르지 않지만, B와 E사이에 약한 순방향 전압을 걸어주면, C와 E사이에 많은 양의 전류가 흐르게 된다. 이때 흐르는 전류는 B와 E사이의 전압에 비례하여 증폭의 효과를 가진다.

그림 2.16의 왼편과 같이 아날로그 방식에서는 트랜지스터를 신호의 증폭기로 사용한다. 사람의 목소리는 공기 분자 운동이 만드는 압력의 파동이다. 이것이 마이크의 얇은 판을 진동시키면 여기에 붙어 있는 코일이 자석 주위에서 진동을 하여 약한 전기 신호를 만들어 낸다. 이 신호를 앰프에 있는 트랜지스터를 통하여 여러 번 증폭하여 원하는 크기의 소리를 스피커로 만들어 낸다.

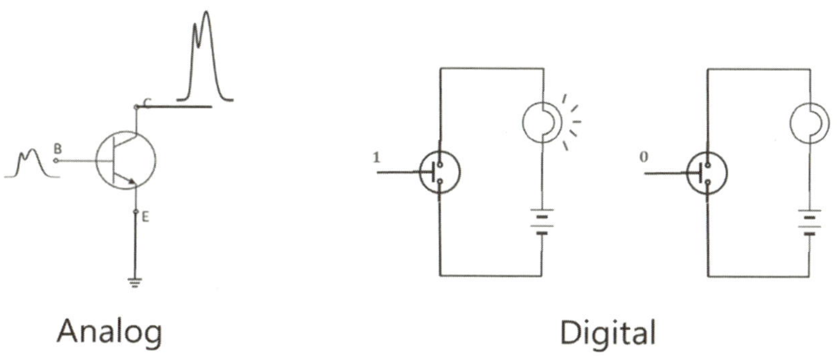

그림 2.16 트랜지스터의 기능

디지털 방식에서는 트랜지스터를 간단한 전기 스위치로 보면 된다. 일반적으로 전압전류 의 상태와 일관성이 있게 스위치가 ON인 상태를 1, OFF인 상태를 0으로 둔다. 트랜지스터를 나타내는 회로 또한 이 책에서는 단순하게 그림 2.15의 오른쪽 하단과 같이 누름 버튼 스위치 모양으로 나타내겠다. B에 전압이 걸리면, 스위치를 누르는 것으로 해석하고상태 1, C와 E를 관통하는 전류가 흘러서 전구에 불이 들어 온다.상태 1 그렇지 않은 경우에는 상태 0는 전구에 불이 들어 오지 않는다.상태 0 그림 2.16의 오른쪽은 디지털 방식에서 사용하는 트랜지스터의 기능이다. 이러한 트랜지스터의 디지털 기능을 이용하여 부울 대수를 구현하는 회로를 만들려고 한다.

P	Q	P AND Q
TRUE	TRUE	TRUE
TRUE	FALSE	FALSE
FALSE	TRUE	FALSE
FALSE	FALSE	FALSE

P	Q	$P \cdot Q$
1	1	1
1	0	0
0	1	0
0	0	0

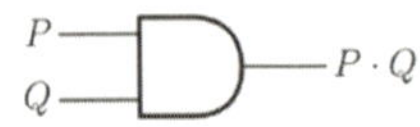

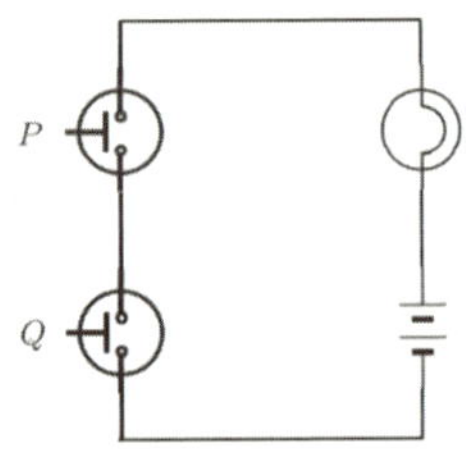

그림 2.17 부울대수 AND

그림 2.17은 부울 대수 AND에 관한 것이다. 고등학교 과정의 명제의 논리곱과 같다. 명제는 참TRUE 또는 거짓FALSE을 가지는 문장을 의미하며, AND로 연결된 논리곱은 두 명제가 모두 참인 경우에만 참이 된다. 이것은 일상에서 사용하는 자연어의 그리고AND와 같은 의미를 가진다. AND에 대한 진리표를 그림 2.17의 상단 왼쪽에 나타냈다.

표기의 편의를 위하여 TRUE를 상태 1, FALSE를 상태 0으로 나타내고, 두 명제 P, Q의 AND를 곱을 의미하는 기호 ·을 이용하여 $P \cdot Q$로 표기하면 그림 2.17의 진리표를 중앙의 표로 변환할 수 있다. 결과를 놓고 보면 논리곱은 일상적으로 사용하는 곱셈과 일치하는 것을 알 수 있다.

오른쪽에 있는 기호는 전자 회로를 구성할 때 사용하는 논리 게이트logic

gate이다. 수학자에서는 대수식을 선호하지만, 전자공학자들은 회로 기호를 더 선호한다. 아래의 회로는 트랜지스터 두개를 직렬로 연결하여 AND 회로를 구성하는 개략도를 보여준다. 스위치가 직렬로 연결되었기에, 두개의 스위치가 동시에 눌러질때만ON 상태, 상태 1 전기가 흘러서 전구에 불이 들어온다.상태 1 그렇지 않으면, 전구에 불이 들어 오지 않는다.상태 0

P	Q	P OR Q
TRUE	TRUE	TRUE
TRUE	FALSE	TRUE
FALSE	TRUE	TRUE
FALSE	FALSE	FALSE

P	Q	$P+Q$
1	1	1
1	0	1
0	1	1
0	0	0

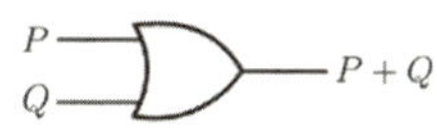

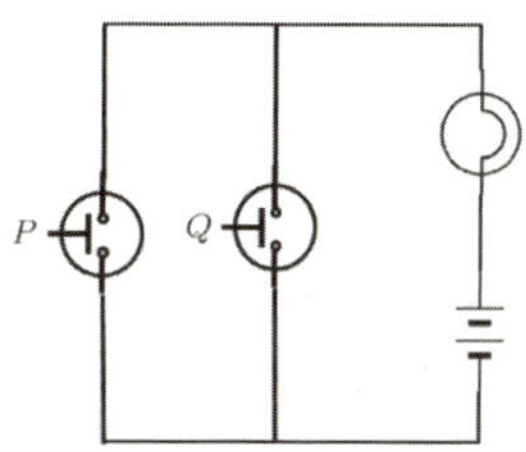

그림 2.18 부울 대수 OR

그림 2.18은 부울 대수 OR에 대한 것이다. 명제의 논리합에 대응한다. 두개의 명제 중에서 하나라도 참이면 참의 결과를 가진다. 앞의 AND의 경우와 마찬가지로 두 명제 P, Q의 OR를 대수 연산 + 이용하여 로 표기하면 상단 중앙의 결과를 얻는다. 일상적으로 사용하는 덧셈과 다르게 $1+1=1$의 결과를 가지는 것에 주의한다. 에디슨이 어릴 때 말했다고 하는 물방울 하나에 다른 물방울 하나를 더하면 여전히 물방울 하나가 된다.가 성립하고 있다. 트랜지스터를 이용하여 회로를 만들 때에는 스위치를 병렬로 연결한다. 병렬로 연결된 스위치 두 개중에 어떤 스위치를 누르더라도 상태 1 전구의 불은 들어온다.상태 1

P	NOT P
TRUE	FALSE
FALSE	TRUE

P	$\bar{P}$
1	0
0	1

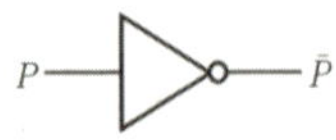

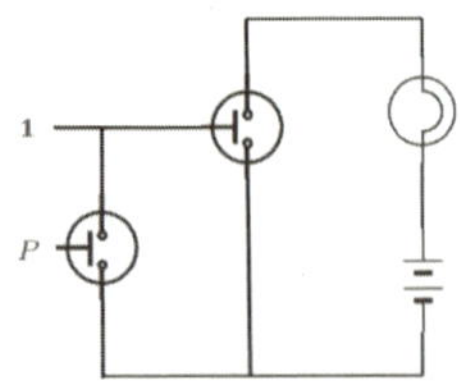

그림 2.19 부울 대수 NOT

그림 2.19는 NOT에 대한 것이다. NOT은 명제의 부정을 의미하여 진리값이 반대가 된다. 명제 P에 대한 부정을 $\overline{P}$로 표기하고 표의 결과를 얻는다. 아래는 트랜지스터를 이용하여 NOT를 구현한 개략도이다. 앞의 AND와 OR와 달리 이 회로를 정확하게 이해하기 위해서는 트랜지스터를 스위치로만 생각하는 것으로는 부족하고 전기 회로의 원리에 대한 이해가 필요하다. $P = 0$이면 앞의 트랜지스터의 CE간의 저항이 크기 때문에, 뒤의 트랜지스터의 BE사이로 전압이 걸리게 된다. 그래서, 뒤의 트랜지스터의 CE간에 전류가 흘러서 전구가 불이 켜진다.[상태 1] $P = 1$이 되면 앞의 트랜지스터의 CE간의 저항이 뒤의 트랜지스터의 BE간의 저항보다 작아진다. 전류는 뒤 트랜지스터로 가지 못하고 앞 트랜지스터의 CE를 통하여 흐르게 된다. 결국, 뒤 트랜지스터의 BE 사이에는 전압이 걸리지 못한다. 그러므로, 전구의 불은 꺼지게 된다.[상태 0]

P	Q	P XOR Q
TRUE	TRUE	FALSE
TRUE	FALSE	TRUE
FALSE	TRUE	TRUE
FALSE	FALSE	FALSE

P	Q	$P \oplus Q$
1	1	0
1	0	1
0	1	1
0	0	0

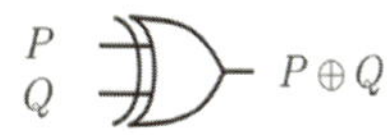

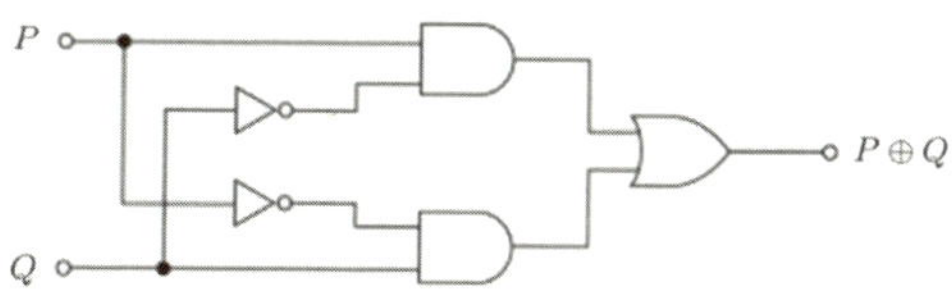

$$P \oplus Q = P \cdot \overline{Q} + \overline{P} \cdot Q$$

그림 2.20 부울 대수 XOR

앞에서 소개한 OR는 우리말의 "또는"에 해당한다. 우리말의 경우에, "양념 치킨 또는 후라이드 치킨"에서 선택을 해야 하는 경우에 "반반"이 아닌 "양념"과 "후라이드"를 모두 선택하면 어색해 진다. 그러나, 앞의 OR의 진리표에서는 이렇게 두개를 선택하여도 참이 된다. 이처럼 "또는"으로 연결된 경우 선택지가 서로 배타적exclusive인 경우가 많고 앞의 연산자 OR와 일치하지 않는다. 그래서, 그림 2.20에서 XORexclusive or를 정의한다. 기본적으로 OR와 같지만, 두 명제가 같은 경우는 제외하여 FALSE로 정의한다. 연산 기호는 ⊕oplus라고 읽는다를 사용한다. 회로의 구성은 트랜지스터로 나타내기에는 복잡하여 앞에서 정의한 논리 게이트를 이용한다. 옆에 수식으로 표현한 것과 논리 게이트와 같은 것이다. 등식이 성립하는 것은 천천히 논리표를 만들어 보면 양쪽이 같은 값을 가지는 것을 확인할 수 있다.

P	Q	P NAND Q
TRUE	TRUE	FALSE
TRUE	FALSE	TRUE
FALSE	TRUE	TRUE
FALSE	FALSE	TRUE

P	Q	$P \uparrow Q$
1	1	0
1	0	1
0	1	1
0	0	1

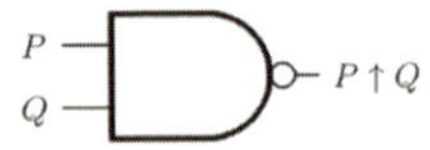

$$
\begin{aligned}
P \uparrow Q &= \overline{P \cdot Q} \\
&= \overline{P} + \overline{Q}
\end{aligned}
$$

그림 2.21 부울 대수 NAND

그림 2.21은 NAND에 관한 것이다. NAND는 NOT AND를 줄여서 표기한 것이고 AND를 먼저 연산한 후에 NOT를 적용한다. 그러므로, 결과로 나오게 되는 진리표는 AND의 반대가 된다. 기호 ↑를 사용하여 대수적으로 표기하면 그림 2.21의 하단과 같다. 첫 번째 등식은 정의에서 나오는 것이고 두 번째 등식은 드 모르간의 법칙De Morgan's laws의 법칙이다.

따로 자세하게 설명을 하지 않겠지만, 비슷한 방법으로 정의할 수 있는 NOR가 있다. NOT OR의 줄임이고 OR을 먼저 연산한 후에 NOT을 적용한다. 이런 식은 연산을 편의에 따라서 부울 연산자를 계속 정의를 할 수 있을 것이고, 자연스럽게 그러면 가장 기본이 되는 연산은 무엇인가?라는 의문이 생긴다. 이에 대한 답이 NAND는 범용universal 게이트가 된다. 이 말은 NAND 게이트만 효율적으로 제작할 수 있다면, 다른 게이트는 NAND의 조합으로 만들 수 있다는 것을 의미한다. 그림 2.22에서 NAND를 이용하여 NOT, AND, OR 게이트를 만들 수 있는 것을 보여준다. 참고로 NAND가 유일한 범용 게이트인 것은 아니다. NOR 또한 범용 게이트가 된다.[7]

7 NOR 게이트를 이용하여 NAND 게이트를 만들 수 있는 것을 보이기만 하면 된다.

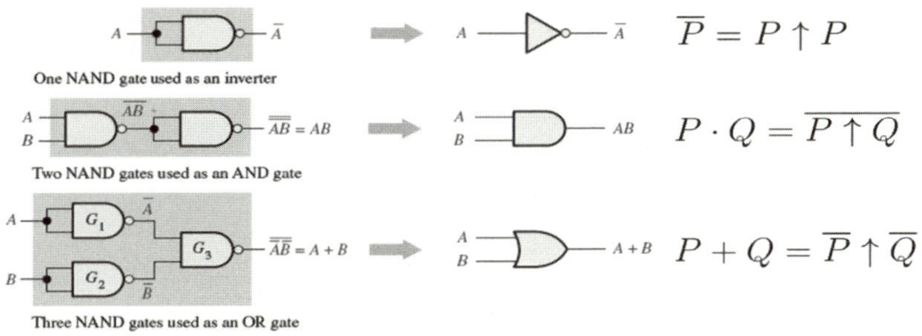

그림 2.22 NAND는 범용 게이트가 된다.

이제 앞에서 설명한 논리 게이트를 이용하여 덧셈을 수행하는 가산기adder를 만들고 한다. 컴퓨터는 2진법을 사용한다고 앞에서 설명했기에, 2진법 가산기가 구현하는 것이 더 효율적이다. 실생활에서는 10진법을 사용하므로 10진법의 숫자를 2진법의 숫자로 변환하는 회로도 따로 필요하겠다.

```
  1 1
  0 1 1 1
+ 0 1 1 0
---------
  1 1 0 1
```

Summary

$0 +_2 0 = 0$

$1 +_2 0 = 1$

$0 +_2 1 = 1$

$1 +_2 1 = 0 \quad \text{with carry}$

그림 2.23 2진법 덧셈

그림 2.23은 왼쪽은 2진법 덧셈의 예를 보여준다. 오른쪽은 1비트의 경우에 결과를 정리한 것이다. 덧셈 부호가 많이 나오기에 2진법의 덧셈은 따로 하첨자 2를 추가하여 $+_2$를 사용하여 표기한다. 주의할 것은 $1 +_2 1 = 0$이며 상위 자리로 자리 올림수carry가 발생한다. 자리 올림수를 고려하지 않으면 $+_2$의 결과가 XOR의 $\oplus$와 결과가 일치한다. 그리고, 자림 올림은 두 숫자 모두 1인 경우에만 발생하여 AND 게이트를 이용하여 계산할 수 있다. 그림 2.24에서

결과를 볼 수 있다. 1비트인 A, B를 더한 결과를 S로 나타내고 상위 자리 올림을 C로 표시하였다. 다음 자리는 올림으로 발생한 C 또한 계산에 추가하여야 한다.

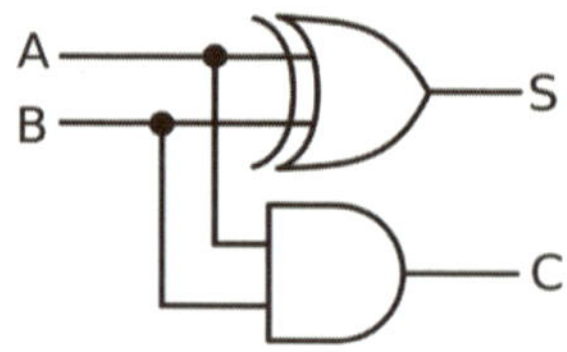

$$S = A \oplus B$$

$$C = A \cdot B$$

그림 2.24 2진법 가산기 – 하위 자리올림이 없는 경우

그러므로, 보다 일반적인 2진법 가산기 하위 자리 올림이 있는 경우까지 고려하여 1비트 숫자 세개 A, B, C_i를 더하는 회로를 구성하여 한다. 그림 2.25가 그 결과를 보여 준다. 가능한 8가지의 입력에 대하여 진리표를 만들어 보면 원하는 결과가 나오는 것을 확인할 수 있다.[8] 이제 완전한 1비트 가산기가 완성이 되었지만, 회로가 복잡해져서 1비트 가산기를 나타내는 심볼을 그림 2.25의 오른쪽 하단과 같이 도입한다. 이를 이용하여 그림 2.26에서 4비트 가산기의 회로를 구성한다. 4자리로 구성된 2진법 숫자 $A_3A_2A_1A_0$과 $B_3B_2B_1B_0$를 더하여 결과를 $S_3S_2S_1S_0$와 최고 자리의 자리올림인 C_4를 얻는다.

8 수학을 학교에서 배울 때는 공식을 이용하여 간결하고 아름답게 증명하지만, 실제 응용에서 경우의 수가 많지 않은 경우에는 하나 하나 값을 단순하게 확인하는 방법(brute force method) 또한 많이 사용한다.

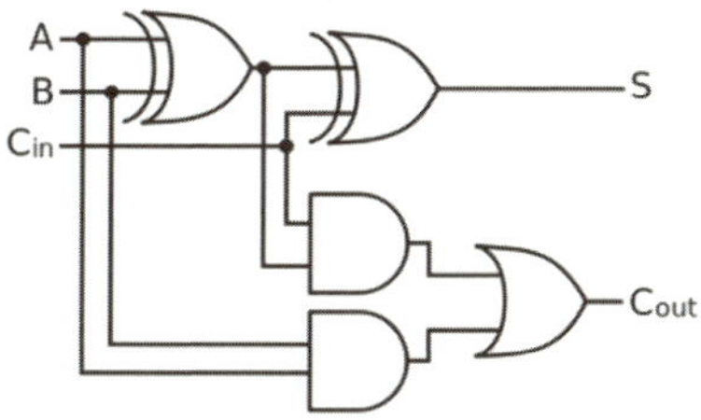

$$S = A \oplus B \oplus C_i$$

$$C_o = (A \cdot B) + C_i \cdot (A \oplus B)$$

$$= A \cdot B \oplus B \cdot C_i \oplus C_i \cdot A$$

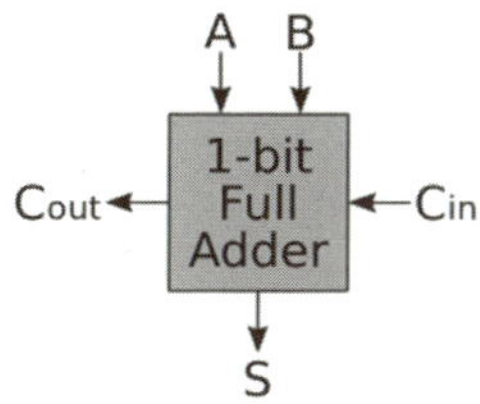

그림 2.25 2진법 가산기 - 하위 자리올림이 있는 경우

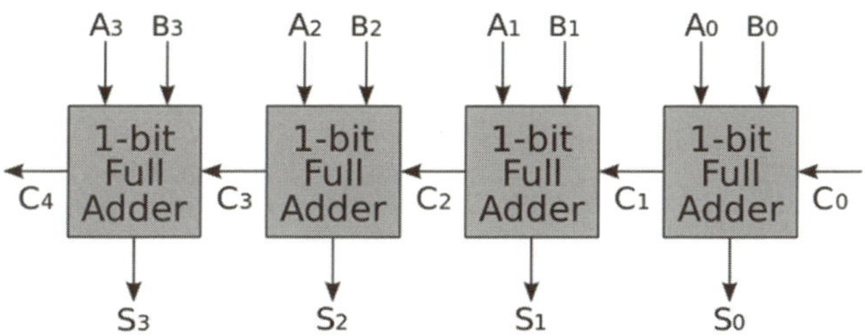

그림 2.26 4비트로 구성된 2진법 가산기

논리 게이트를 잘 활용하면 톱니 바퀴 기술로는 불가능한 메모리 또한 구현할 수 있다. 그림 2.27은 논리 게이트로 구현한 가장 초보적인 플립-플롭을 보여준다. 요즘에는 보다 효율이 좋은 다른 전기 특성을 이용한 방식을 많이 사용하고 있지만 이론적으로 메모리가 가능하다는 것을 보여 준다. 상세한 설명은 장황해지고 책의 범위를 벗어나므로 생략한다.

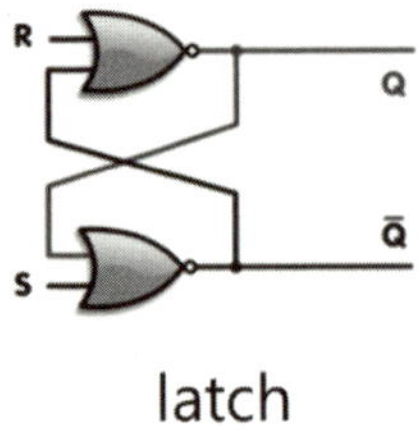

$$Q_{n+1} = \overline{R + \overline{Q}_n} = \overline{R} \cdot Q_n$$

$$\overline{Q}_{n+1} = \overline{S + Q_n} = \overline{S} \cdot \overline{Q}_n$$

$$(S, R) = (0, 0)$$

$$Q_{n+1} = 1 \cdot Q_n = Q_n$$

$$\overline{Q}_{n+1} = 1 \cdot \overline{Q}_n = \overline{Q}_n$$

$$(S, R) = (1, 0)$$

$$Q_{n+1} = 1 \cdot Q_n = Q_n \quad \longrightarrow 1$$

$$\overline{Q}_{n+1} = 0 \cdot \overline{Q}_n = 0$$

$$(S, R) = (0, 1)$$

$$Q_{n+1} = 0 \cdot Q_n = 0$$

$$\overline{Q}_{n+1} = 1 \cdot \overline{Q}_n = \overline{Q}_n \quad \longrightarrow 1$$

그림 2.27 메모리(플립-플롭)의 개요도

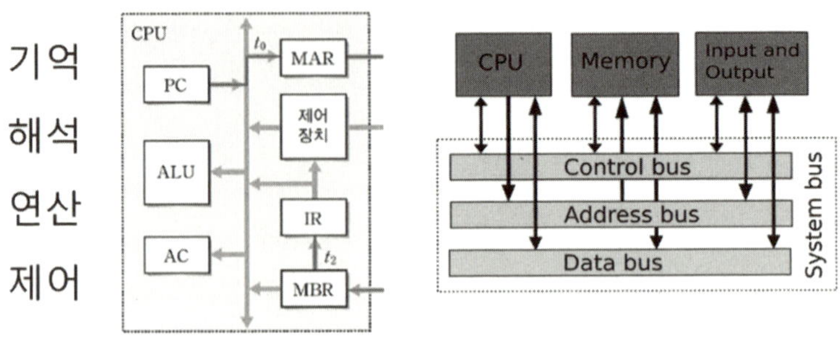

그림 2.28 CPU

그림 2.28은 현재 사용하고 있는 CPU중앙처리장치 Central Processing Unit 구조이다. 기억, 해석, 연산, 제어의 기능을 담당하는 회로를 한 곳에 모아서 VLSI로 만든 것을 사용한다. 폰노이만 구조의 컴퓨터에서 CPU와 메모리가 버스bus로 연결되어 있다. 버스는 컴퓨터의 메인 보드 뒷면에 있는 여러 개로 구성된 선을 의미한다. 지금까지 CPU의 기능 중에서 가장 간단한 가산기와 메모리에 대하여 살펴 보았다.

CPU는 수십억 개의 트랜지스터로 회로를 구성한다. 기본적인 기능을 논리 게이트를 이용하여 잘 구성한 후에 이를 블록으로 하여, 보다 복잡한 기능을 수행하는 곳에 사용한다. 구체적인 내부 사항을 몰라도 모듈을 이용하여 작동하는 기능에 대한 입력과 출력 만을 이용하여 원하는 다른 곳에서 복제하여 사용한다. 그리고, 향후에 같은 기능을 하는 보다 효율적인 모듈을 개발하여 대체할 수 있다. 현재 사용하는 매우 복잡한 CPU는 이러한 방식으로 오랜 시간에 걸쳐서 기술이 축적되면서 만들어진 것이다.

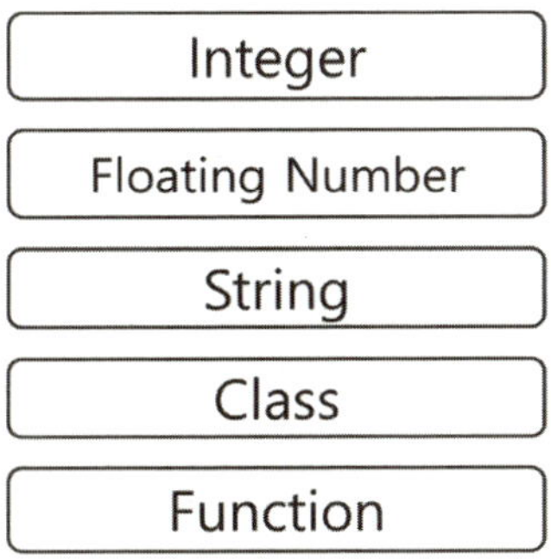

그림 2.29 추상화된 데이터 종류

하드웨어뿐만 아니라, 소프트웨어 쪽도 비슷한 방식으로 발달을 했다. 처음에는 2진수의 기계어를 그냥 사용하다가, 어셈블리어 그리고 고급 언어가 만들어졌다. 기계는 여전히 2진수의 숫자를 사용하지만 사람은 이것이 너무 불편하기 때문에, 편리하게 사용할 수 있는 여러 가지 데이터 종류를 고급언어가 지원을 한다. 그림 2.29은 오늘날 고급 언어가 일반적으로 지원하는 데이터 종류를 보여준다.

요즘의 컴퓨터 언어는 고도로 추상화 되어서 객체 지향 언어나 함수형 언어의 모델을 사용하여 인간의 인지 방식을 유사하게 구현할 수 있다. 더 이상 비트의 배열로 구성된 2진수 수열은 찾아 볼 수 없다. 참고로 앞에서 정의한 2진법 덧셈 $1 +_2 1 = 0$에서 숫자 1의 관점에서 언어 모델을 만들면 객체 지향 언어가 되고, 연산자 $+_2$의 관점에서 언어 모델을 구축하면 함수형 언어가 된다.

Bit array	00110000	00110001	00110010	00110011
Int8 array	48	49	50	51
Char8 array	a	b	c	d
Int32	808530483			
Float32	$1.9722835097856357 \times 10^{-24}$			

그림 2.30 데이터 타입에 따른 값의 해석

그림 2.30는 데이터 타입의 중요성을 보여준다. 같은 2진수의 수열을 데이터 타입에 따라서 해석을 다르게 하여 최종적으로 사람이 보는 값은 다르게 된다. 이러한 값의 변환은 고급언어를 기계어로 변환하는 컴파일러compiler 나 인터프리터interpreter 가 맡아서 한다. 데이터 타입은 사용자가 직접 구체적으로 선언하는 방식이 있고, 파이썬python 과 줄리아julia 와 같은 스크립트 언어에서는 컴퓨터가 유추하는 방식도 있다.

2.4 정리하면

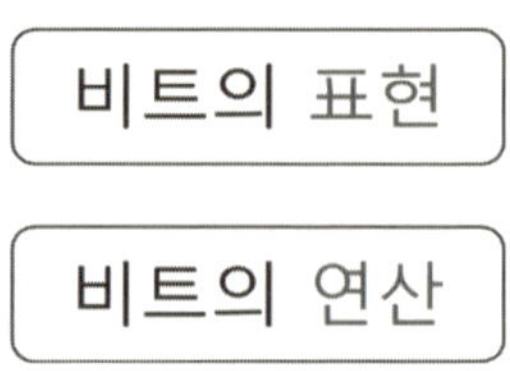

그림 2.31 컴퓨터의 원리

현재의 컴퓨터는 정보를 디지털화 하여 2진수의 숫자로 표현한다. 0 또는 1로 표현되는 각각의 숫자를 비트라고 한다. 특정한 물리 상태를 선택하여 비트를 표현하고 저장할 수 있어야 한다. 또한 정보를 유용하게 가공하기 위하여 비트를 연산을 할 수 있어야 한다. 이때 기본이 되는 것은 부울 대수이며 NAND가 범용 연산자이므로 NAND를 구현하여야 한다. 이러한 조건을 만족하면 이론적으로는 다양한 컴퓨터를 만들 수 있다.

예로서, DNA 유전자는 A, T, G, C로 구성된다. A는 T와, 그리고 G는 C와 항상 결합한 쌍을 이루기 때문에 DNA는 2진수로 구성된 것이다. 이를 비트로 사용할 수 있다. 그리고, 최근 발달한 유전자 가위 기술을 잘 활용하여 부울 대수를 구현하면 단백질 컴퓨터를 만들 수 있다.

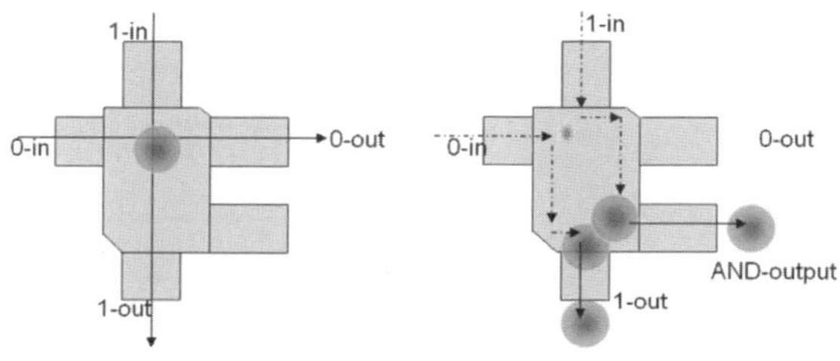

프레드킨, 토롤리: 1982년

그림 2.32 당구공 컴퓨터의 AND 연산

그림 2.32는 프레드킨과 토롤리가 1982년에 제안한 당구공 컴퓨터의 AND 연산을 보여준다. 실제로 구현할 수 있을지는 의문이지만, 비트와 부울 대수를 구현하면 어떠한 종류의 컴퓨터라도 상상할 수 있다는 말과 매우 부합하는 예이다.

3

양자 물리 소개

3.1 들어가면서

3.2 역사적 배경

3.3 중첩과 간섭

3.4 얽힘

3.5 정리하면

3.1 들어가면서

고전 컴퓨터의 원리에 따라서 양자 컴퓨터quantum computer 를 단순하게 해석하면, 양자 상태quantum state 를 이용하여 0과 1을 표현하는 비트로 사용하고 잘 모르겠지만 어떻게든 부울 대수를 구현하면 양자 컴퓨터가 되는 것이다. 맞는 말이다. 그런데, 양자 상태에 문제가 있다. 양자 상태의 유별난 특성을 설명하기 위해서 양자 물리quantum physics 를 소개한다.

우선 양자量子, quantum 의 용어에 대한 것이다. 강의에 참석한 학생들의 대부분이 문과 출신이여서, 원자핵을 구성하는 양성자陽性子, proton 를 잘못 지칭하는 양자陽子 와 양자量子 를 많이 혼돈하였다. 양자陽子 는 잘못된 표현인데 양자量子 에 대한 설명을 들은 적이 없기 때문에 편하게 양자量子 를 양성자로 인식을 하였던 것이다. 한문은 다르지만 같은 발음을 내는 한국어에서 나타난 오류이다. 그리고, 전자, 양성자, 중성자, 광자 등과 같이 자子 자 돌림이어서 특정 입자로 생각하는 경우도 많았는데, 이 또한 오해이다.

영어 단어 quantum은 라틴어 quantus에서 나왔다. 이는 "얼마나 많이"how much, how many 를 의미한다. quantity수량 , quantitative정량적인 또한 같은 어원이다. 저자의 직업명인 quant 또한 그러하다. 라틴어의 본래의 뜻에는 how much실수값을 의미 와 how many정수값을 의미 을 가지는데, 물리학에서는 how many의 뜻으로 사용했다. 플랑크가 흑체 복사를 설명하기 위하여 에너지는 매우 작은 이산적인 덩어리로 되어 있다는 가정을 하면서 이 용어를 사용하였다. 그 후에 다른 물리량 또한 연속값이 아닌 이산값을 가지는 것이 발견되었다. 즉, 각 물리량은 최소 단위의 값이 있어 자연계에서는 이것의 배수로 존재한다는 것이다. 참고로 양자역학에서 길이, 질량, 시간의 최소값은 대략 1×10^{-35} 미터, 2×10^{-8}킬로그램, 5×10^{-44}초 이다. 이러한 값은 매우 작은 값이기에 실생활에서는 길이, 질량, 시간을 연속값으로 간주하여도 상관이 없다[9]

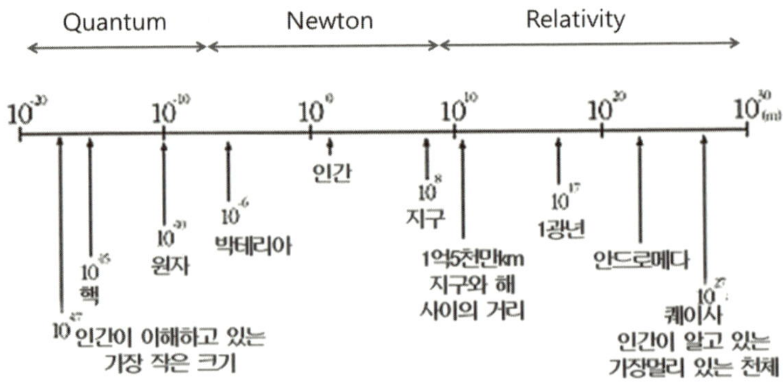

그림 3.1 물리학의 구분

물리학에서 이론의 적용 범위를 결정할 때, 편의상 길이 스케일크기을 사용한다. 아인슈타인의 상대성 이론이 나오기 전까지는 우주의 모든 스케일에 뉴턴역학이 정확하게 성립한다고 믿었다. 그러나, 매우 큰 스케일($> 10^{20}$m)에서는 뉴턴 역학이 성립하지 않고 상대성 이론을 적용해야 한다. 반대로 매우 작은 스케일($< 10^{-8}$m)에서도 뉴턴 역학이 성립하지 않는다. 매우 작은 스케일에서 뉴턴 역학을 따르지 않는 기이한 현상을 양자물리Quantum Physics라고 한다. 양자역학Quantum Mechanics이라는 말도 혼용해서 사용하는데, 양자역학은 수학을 이용하여 보다 엄밀하게 형식화한 이론을 의미하여 이 책의 수준에서는 따로 구분할 필요는 없다. 결국, 일상의 길이 스케일(10^{-6}m~10^{10}m)에서는 상대성 효과와 양자 효과가 무시할 수 있을 정도로 작기 때문에 뉴턴 역학이 좋은 근사approximation 이론이 될 수 있는 것이다.

9 컴퓨터에서 실수를 표현하는 자료형 double은 유효숫자 16자리를 가진다. 1미터, 1킬로그램, 1초를 양자 단위까지 표현하면 길이와 시간은 double로도 정확하게 표현할 수 없다.

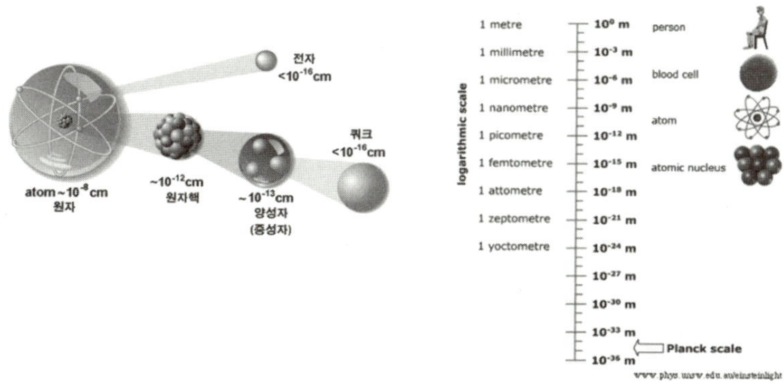

그림 3.2 양자 세계

반도체 집적 공정이 발달하여 이제 하나의 트랜지터가 나노nano, 10^{-9}m 크기를 가지게 되었다. 그리고, 나노 크기의 원자, 분자 및 초분자 물질을 합성, 조립, 제어하는 나노 기술Nano Technology이라는 것도 있다. 이러한 분야에서는 양자역학이 매우 중요하다. 그러나, 양자역학은 이해할 수 없는 학문으로 악명이 높다.

닐스 보어1885년~1962년는 새로운 원자 모형을 제시하여 1922년에 노벨상을 수상한 후에 덴마크 코펜하겐에 연구소를 설립하여 양자역학에 많은 기여를 하였다. 후에 미국으로 건너가 원자 폭탄 개발 프로젝트인 맨하탄 프로젝트에도 참여하였다. 오늘날 양자역학의 정통orthodox 해석으로 받아 들여지는 코펜하겐 해석의 이론적 토대를 구성하여 "양자역학의 아버지"라 할 수 있다. 그런 보어가 양자역학에 대하여 "양자역학을 연구하면서 당혹스럽지 않은 사람은 아직 이해하지 못한 거다."라고 평을 하였다.

그림 3.3 닐스 보어

하이젠베르크 1901년~1976년는 난류에 관한 연구로 박사 학위를 받았지만, 보어의 원자 모형에 매료되어서 양자역학으로 주제를 바꾸어 코펜하겐 연구소에 합류한다. 행렬 역학을 개발하고 불확정성 원리를 발견하여 1932년에 노벨상을 수상한다. 하이젠베르크의 불확정성 원리는 일반인들에게도 유명한 양자역학의 대표적인 원리이며, 괴델의 불완전성 정리와 함께 20세기에 뉴턴 역학의 영향을 받은 기계론적 세계관을 붕괴하는데 결정적인 영향을 준다. 가히 양자역학의 코펜하겐 슈퍼 스타라고 할만하다.[10] 그런 하이젠베르크가 "양자역학의 개념은 이해하는 것이 아니라 적응해야 하는 것이다"라고 언급했다.

10 보어가 미국에서 맨하탄 프로젝트에 참여했듯이, 하이젠베르크는 나치 독일에서 원자 폭탄 프로젝트에 참여했다. 1941년에 두 사람이 코펜하겐에서 잠깐 만났다. 한때 동료였던 두 명의 물리학 거장이 이제는 적이 되어서 같은 연구를 하고 있는 것이다. 이것을 모티브로 하는 마이클 프레인의 연극 ≪코펜하겐≫이 있다.

그림 3.4 하이젠베르크

노벨상 수상자가 쓴 책 중에서 가장 쉽다고 하는 ≪파인만 씨, 농담도 잘하시네!≫로 유명한 파인만 1918년~1988년은 아인슈타인과 함께 20세기 최고의 물리학자라고 일컬어진다. 양자역학의 새로운 수학적 형식화인 경로적분을 개발하였고, 맥스웰의 전기역학과 양자역학을 통합한 양자전기역학을 정식화하여 1965년에 노벨상을 수상한다. 저자 또한 기억하고 있는 1986년의 우주왕복선 챌린저호 폭발 사고를 혼자서 원인 규명하고 기자 회견 장소에서 실험으로 보여서, 물리학에 관심이 없는 일반 대중에게도 유명해졌다. 과학사에서 양자역학의 발전 과정을 구분할 때 앞에서 소개한 보어와 하이젠베르크의 이론을 제1차 양자혁명이라 한다. 제1차 양자혁명을 파이만이 종결하고 제2차 양자혁명을 유발한 것으로 흔히 언급한다. 이러한 파인만이 "양자역학을 완벽히 이해한 사람은 없다"라고 말했다.

그림 3.5 파인만

그림 3.6 머리 겔만

머리 겔만1929년~2019년은 물질을 이루는 가장 근본적인 입자라고 생각하는 쿼크quark를 발견하여 1969년에 노벨상을 수상한 물리학자이다. 80년대부터 산타페 연구소에서 복잡계complex system 현상에 대한 연구를 하였다. 머리 겔만은 "양자역학을 모르는 사람은 금붕어와 전혀 다를 바가 없다"라고 말했다.

앞의 세 사람에 비하여 자기 잘난 듯한 발언으로 들리지만, 파인만의 말이 틀리지 않으면 머리 겔만 또한 금붕어를 벗어 나지 못한다. 다른 금붕어에 비하여 좀 큰 어항에 있는 금붕어 정도…[11]

아직 양자역학을 소개하지 않았지만, 앞에서 소개한 양자역학에 대한 평을 살펴보면 양자역학은 우리가 이해할 수 없다. 뇌과학에 따르면, 우리의 뇌는 뉴턴 역학이 지배하는 환경에 적응하며 진화한 것이다. 이러한 뇌를 이용하여 양자물리의 기이한 현상에 대한 정보를 처리하면 자연스럽지 못하고 기이하거나 모순의 느낌이 드는 것이다. 어항 밖으로 한번도 나와 본적이 없는 금붕어가 바깥세상을 이해하려는 것과 같다.

3.2 역사적 배경

본격적으로 양자물리에 대하여 소개하려고 한다. 이공계 대학에서는 공통으로 1학년의 2학기 동안 일반물리학을 공부하고, 물리학을 전공하면 2학년의 2학기 동안 현대물리학을 공부하고 3학년 2학기 동안 양자역학을 공부한다. 고로, 학부 과정에서만 양자물리에 관하여 3학점 과목을 4학기 배우게 된다. 이런 방대한 양을 모두 언급하는 것은 책의 범위와 저자의 능력 밖이므로, 양자 컴퓨터를 이해하는데 필요한 개념만을 일상에서 친숙한 빛light을 이용하여 소개한다.

빛에 관한 첫번째 이론은 뉴턴1642년~1727년의 ≪광학≫1704년이다. 이때 뉴턴은 자연철학의 수학적 원리Principia, 1687년에서 만유인력의 법칙과 운동법칙을 발표하여 물리학이라는 학문을 사실상 처음 만들어 당시 유럽 수학계에 대단한 영향력을 가졌다. 뉴턴은 프리즘을 이용하여 빛의 색을 분해하여, 빛이 각각의 색을 가지는 입자로 구성된다고 주장한다. 빛의 입자설인 것이다. 이에 대한 특

11 한국어 번역의 뉘앙스 문제일지도 모른다는 생각에 영어 문장을 찾아 보려고 했지만, 찾지 못했다.

별한 실험 증거는 없다. 반면에, 뉴턴이 빛의 속도를 측정하기 위한 실험에 대한 일화는 유명하다. 높은 산 위에 등불을 가리고 있다가 아래에서 종을 치면, 종소리를 듣고 가리고 있던 등불을 보이게 하여 산 밑에서 이 불빛을 보고 빛의 속도를 재려고 하였다. 당연히 실패했다. 오늘날에는 빛이 속도가 소리의 속도보다 빨라서 번개가 친 후에 잠시 후에 천둥 소리가 들린다는 것을 알고 있다.

뉴턴은 ≪광학≫에서 빛의 입자설에 대하여 특별한 증거를 제시하지 않았지만, 당시에는 이를 받아들이는 분위기였다. 무엇보다도 만유인력을 발견한 뉴턴의 권위가 있었고 대안으로 제시할 개념 또한 없었다. 당시 유럽은 그리스의 철학 사상에 영향을 받아서, 이오니아 학파의 데모크리토스가 말한 "모든 물질은 더 이상 자를 수 없는 원자로 구성된다."라는 형이상학이 자연의 인식론에 기본이 되었을 것이다. 자연계의 모든 것은 기본 입자particle로 구성된다는 것이다. 이런 상황에서 빛의 입자설은 자연스러운 것이다.

물리학이 발달함에 따라서 자연 현상 중에서 입자로 구성된 것이 아닌 개념이 생겨났다. 파동wave인 것이다. 잔잔한 수면에 물방울이 떨어지면, 떨어진 곳을 중심으로 동심원이 퍼져나가는 것을 볼 수 있다. 이 현상을 착시이다. 실제로 물의 입자가 바깥으로 이동하는 것은 아니다. 수평선 멀리서 파도가 해안가로 밀려 오는 것이 보이지만, 실제로 파도가 바다에 떠 있는 물체를 해안가로 이동시키지는 못한다. 다른 예로, 야구장이나 축구장의 관중석에서 파도타기 응원을 할 때, 참여하는 사람은 적절한 타이밍에 한번 일어섰다가 앉으면 관중석을 흐르는 커다란 파도가 보이게 된다. 사람이 관중석으로 따라서 이동하는 것이 아니다.

파동은 에너지의 전달 현상인데, 입자와 다르게 파동은 중첩superposition할 수 있다. 같은 시각, 같은 위치에서 다른 두 개의 파동을 합칠 수 있다. 수면에 두 개의 물방울을 떨어지면, 각각에서 만들어진 동심원이 어느 순간 만나게 되어서 중첩이 된다. 그리고, 서로를 간섭interference하게 된다. 이러한 성질로 수면 위의 아름다운 형상을 다양하게 볼 수 있다. 입자는 자신의 고유 공간을 특정 시각에 독점적으로 차지하고 있기 때문에 이런 현상이 생기기 전에 충돌 collision이 생긴다. 그러므로, 서로 배타적이며 간섭이 나타날 수 없다.

그림 3.7 파동의 간섭

1801년에 영 Young이 이중 슬릿 실험을 통하여 빛의 간섭 효과를 보였다. 저자 또한 대학교 1학년때 일반 물리학 실험 시간에 이 실험을 해보았다. 면도날을 이용하여 검은 색종이에 1mm 미만의 간격으로 두 개의 가는 슬릿을 만들고, 암실에서 1m 정도 떨어진 스크린으로 이중 슬릿을 통과하는 빛을 비춘다. 그러면, 그림 3.8과 같이 스크린 상에 빛의 밝기에 무늬가 생기는 것을 발견할 수 있다. 각각의 슬릿을 통과하는 빛이 스크린 상에서 중첩이 되면서 서로 간섭을 일으켜 무늬가 생기는 것이다. 빛이 파동이라는 실험 증거이다.

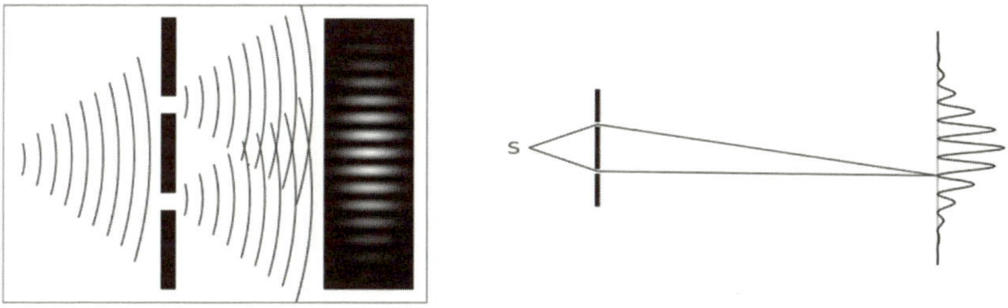

그림 3.8 영의 이중 슬릿 실험

그 후 60년 후에, 맥스웰1831년~1897년이 1864년에 ≪전자기장에 관한 역학 이론≫이라는 책을 발표한다. 당시에는 전기와 자기를 다른 현상으로 이해했고 따로 따로 여러 법칙들이 있었다. 맥스웰은 이러한 법칙들을 수학적으로 정리하면서 맥스웰 방정식을 만들어 전기와 자기를 통합하였다. 그림 3.9의 맥스웰 방정식의 4번째 마지막 항은 당시에 알려져 있지 않은 것으로 맥스웰이 대칭의 아름다움을 위하여 임의로 첨가한 것이다. 이로 인하여 전자기파가 존재하게 되고, 이 파동의 속도는 빛의 속도와 같다는 것을 계산으로 확인한다. 후에 헤르츠1857년~1894년가 라디오파를 만드는 장치 실험으로 전자기파의 존재를 실험으로 확인한다. 결국, 빛은 전자기파의 일종으로 가시광선 영역이라는 것이다.[12]

$$\nabla \cdot \mathbf{E} = \rho$$

$$\nabla \cdot \mathbf{B} = 0$$

$$\nabla \times \mathbf{E} = -\frac{\partial \mathbf{B}}{\partial t}$$

$$\nabla \times \mathbf{B} = \mathbf{J} + \frac{\partial \mathbf{E}}{\partial t}$$

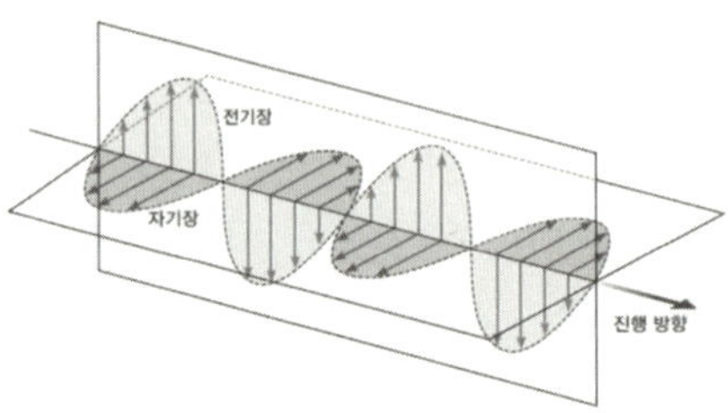

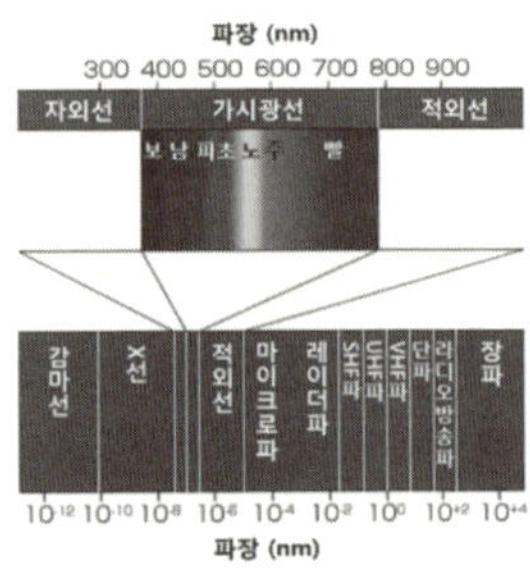

그림 3.9 맥스웰: 방정식과 전자기파

12 맥스웰의 업적으로 인하여 이론 물리학자들은 "대칭의 아름다움"을 실험이 불가능한 미지의 물리 영역에서 나침반으로 여기게 되었다. 그리고, 맥스웰 이전에는 "라플라스 악마"와 같이 우주의 모든 운동을 수 많은 개별 입자의 운동으로 생각하였는데, 맥스웰에 의하여 입자가 아닌 연속적인 장(場, field)의 개념을 가지게 된다.

빛은 파동이 되었다. 파동이 전달되기 위해서는 매질이 필요하다. 수면파는 물, 소리의 음파는 공기, 응원 파도는 응원하는 사람이 매질이다. 그러므로, 빛이 전달되기 위하여 매질이 필요하고 이를 에테르라고 칭하고 많은 물리학자들이 에테르를 찾기 위하여 노력하였다. 이런 노력으로 빛의 속도를 측정하는 기술이 향상되어 아인슈타인의 상대성 이론의 기초가 된다. 그러나, 에테르는 찾지 못한다.

광자효과(아인슈타인, 1905년): 빛이 특정 주파수 이상일 때만 금속에서 전자가 방출

$$E = hf$$

콤프턴 산란(1923년): 빛과 전자의 충돌의 빛의 파장이 변함.

$$\lambda' - \lambda = \frac{h}{m_e c}(1 - \cos\theta)$$

그림 3.10 빛의 입자설

맥스웰 방정식으로 이론적으로 발견한 전자기파를 응용하여 여러 가지 통신 수단들이 만들어지고 있을 때, 알려진 실험 하나가 맥스웰 방정식의 예상과 맞지 않았다. 금속에 빛을 쬐면 전자를 방출하는 광전효과photoelectric effect로서 오늘날 빛을 감지하는 센서에 사용한다. 특정 주파수 이상의 빛인 경우에만 전자를 방출하는 하는 것이 특이한데 이는 맥스웰 방정식의 어긋난다. 전자를 방출하기 위하여 에너지가 필요할 텐데, 방정식의 해석으로는 낮은 주파수의 빛이라도 충분히 강도를 가져 에너지를 공급하면 전자를 방출하여야 한다. 이를 설명하기 위하여 1905년에 아인슈타인이 빛이 입자이고 이것이 가지는 에너지는 주파수에 비례한다고 가정한다. 그러면, 낮은 주파수의 광자光子, photon[13]는

13 빛이 입자라는 것을 강조 하는 이름. 아인슈타인은 플랑크의 quantum과 비슷하게 light quantum

전자를 방출할 수 있을 만큼 충분한 에너지를 가지지 못한다. 이 결과로 1921년에 아인슈타인은 노벨상을 수상한다. 빛이 입자라는 증거이다.

또 다른 실험은 콤프턴 산란1923년 이다. 광자와 전자가 충돌할 때 광자의 파장이 변하는 현상이다. 물체를 지나는 파동은 파장이 변하지 않기 때문에 콤프턴 산란 또한 빛이 입자라는 증거이다. 콤프턴Compton 은 이 발견으로 1927년에 노벨상을 수상한다.

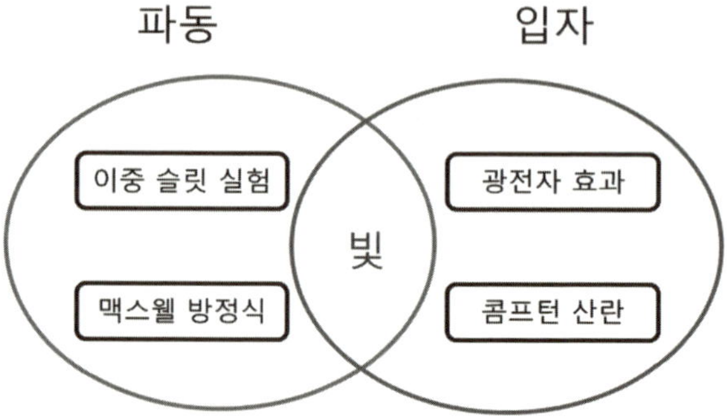

그림 3-11 파동-입자 이중설

광전효과와 콤프턴 산란으로 빛은 다시 입자가 되었다. 광자라고 한다. 근데 앞에서, 이중 슬릿 실험과 맥스웰 방정식에서 빛은 파동이었다. 이중 슬릿 실험의 간섭 무늬는 입자로서는 설명되지 않기 때문이다. 파동이면서 입자인 것은 없으므로 빛은 존재하지 않는다는 결론이 나온다. 그러나 빛은 실존하므로 모순이 발생한다. 이 모순을 해결하기 위하여 동양의 중용 또는 변증법을 사용한다.

모순이 발생하는 원인은 파동과 입자를 배타적으로 생각하기 때문이다. 이런 생각은 뉴턴 역학이 지배하는 길이 스케일의 현상에 적응하면서 생긴 상식에 근거하며, 알지 못하는 미시 세계에서는 파동과 입자의 속성이 배타적이 아니라는 생각으로 모순을 해결한다. 빛은 파동이면서 동시에 입자로 행동 할 수

(광양자, 光量子)이라고 하였다.

는 없지만 파동의 성질과 입자의 성질을 모두 가져서 상호 보완적으로 존재한다는 상식으로는 이해할 수 없는 매우 당혹스러운 파동-입자 이중성wave-particle duality이 나온다. 아리스토텔레스의 형식 논리학을 금과옥조로 여기는 유럽에서 이러한 사고의 전환은 매우 충격적이여 과학사에서도 "혁명"이라는 단어를 사용한다. 금붕어가 된 느낌이다.

빛이 파동이면서 입자라는 사실이 기이하지만 받아들여지면서, 당시 물리학 박사과정 학생이었던 드브로이는 1924년에 입자인 전자 또한 파동의 성질을 가져야 한다는 물질파 이론을 제시한다.[14] 1927년에 데이비슨과 거머가 전자를 이용하여 간섭무늬를 만드는데 성공하여 드브로이는 1929년에 노벨상을 수상한다. 이제 입자도 파동이 되어서 파동-입자 이중성은 더욱 더 굳건해진다. 그 후로 전자보다 무거운 물질에 대한 실험이 계속되어서, 중성자, 풀러렌탄소 60개로 구성된 일명 축구공 분자, 2019년에는 생명체를 구성하는 아미노산에서도 물질파를 확인한다.

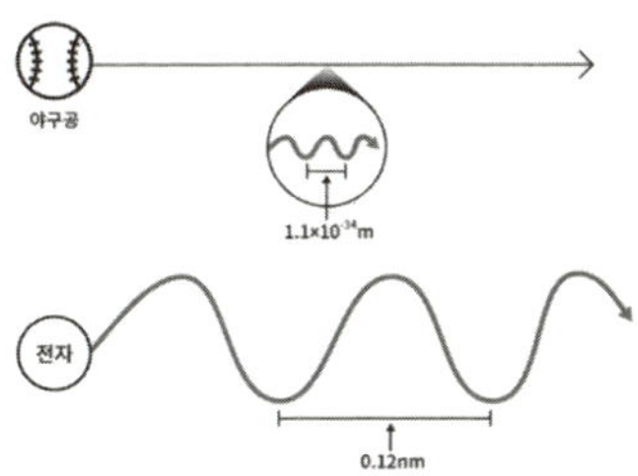

$$\lambda = \frac{h}{mv} = \frac{h}{p}$$

$$\psi = \sin\frac{2\pi}{h}(px - Et)$$

데이비슨, 거머 (1927년): 전자
헬무트 라우치 (1974년): 중성자
안톤 차일링거 (1985년): 풀러렌(일명 축구공 분자)
사예기(2019년): 그라미시딘(아미노산 15개)

그림 3.12 드브로이 물질파

14 이런 황당한 생각은 드브로이가 술에 취해서 떠오른 것으로 유명하다.

드브로이가 물질파에 대한 논문은 너무 황당하여 처음에는 대부분의 사람들이 무시하였지만, 아인슈타인이 관심을 표명하여 많이 알려지게 되었다. 이때 드브로이의 물질파 이론에서 영감을 얻은 슈뢰딩거1887년~1961년가 드브로이의 이론은 확장하여 일반적인 상황에서 입자가 만족하는 파동 방정식을 제시하고 수소 원자에 성공적으로 적용한다. 이 공로로 슈뢰딩거는 1933년에 노벨상을 수상한다.

$$i\hbar\frac{\partial\psi}{\partial t} = -\frac{\hbar^2}{2m}\nabla^2\psi + V\psi$$

수소 원자에 적용

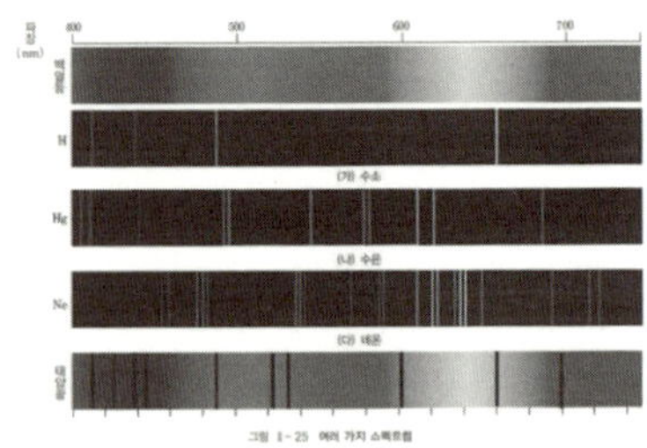

그림 3.13 슈뢰딩거

모든 물질은 더 이상 자를 수 없는 원자로 구성되어 있다고 생각하는 그리스 철학자 데모크리토스 영향으로 유럽에서는 원자에 대한 인식이 친근하다. 동양에서 물리적으로 존재가 확인되지 않은 기氣의 개념이 자연스럽게 인식되는 것과 비슷하겠다. 그러나, 과학적인 증거를 바탕으로 하는 원자론은 화학 반응의 질량 보존의 법칙을 바탕으로 돌턴이 처음으로 제시하였다. 화학 반응에서 물질이 바뀌더라도 더 이상 파괴되지 않는 것이 존재하여야 질량 보존이 되기 때문이다. 돌턴은 원자를 매우 작은 당구공 같은 것으로 생각했다. 그 후에 전자를 발견한 톰슨에 의하여 푸딩에 전자가 박혀 있는 원자를 상상하였다. 전기적으로 중성인 원자에 양성자로 구성된 원자핵이 차지하는 부피가 매우 작다는 것을 발견한 러드퍼드는 원자의 겉을 형성하는 전자와 내부에 양성자의 핵으로 구성된 원자 모델을 제시했다.

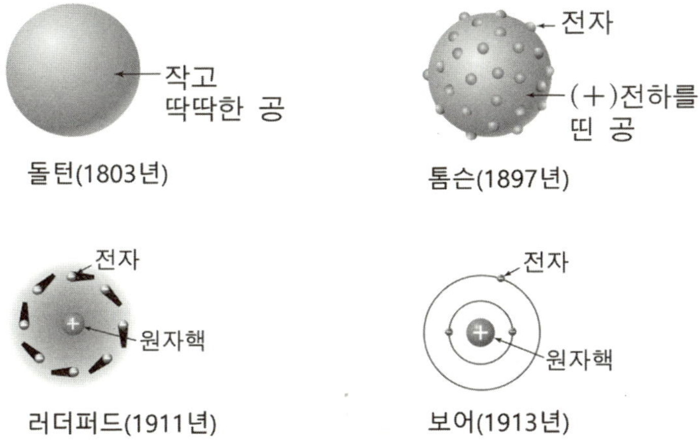

그림 3.14 원자 모형

러더퍼드의 원자 모델이 실험을 바탕으로 하는 가장 발달한 모델이지만, 당시의 알려진 원자 스펙트럼을 해석할 수 없었다. 원자 스펙트럼은 특정 기체가 특정 파장의 빛만을 방출하는 것을 의미하여 오늘날 네온사인, 수은등, 나트륨 등이 특정한 색을 가지는 것에 이용한다. 천문학에서 별에서 나오는 빛을 분석하여 별의 구성된 성분을 분석하는 것에도 사용한다.

당시에 수소 스펙트럼에 대한 실험이 누적되어서 다양한 실험식이 제시 되었는데, 보어가 전자가 원자핵 주위를 궤도를 가지며 회전하는 원자 모형을 제시한다. 전자가 궤도를 변경함에 따른 에너지의 차이로 인하여 빛이 발생한다는 가정으로 수소 스펙트럼을 정확하게 해석하여 1922년에 노벨상을 수상한다. 그러나, 맥스웰 방정식으로는 보어의 원자 모형이 불가능하기 때문에 새로운 원자 모형이 필요한 상태였다.

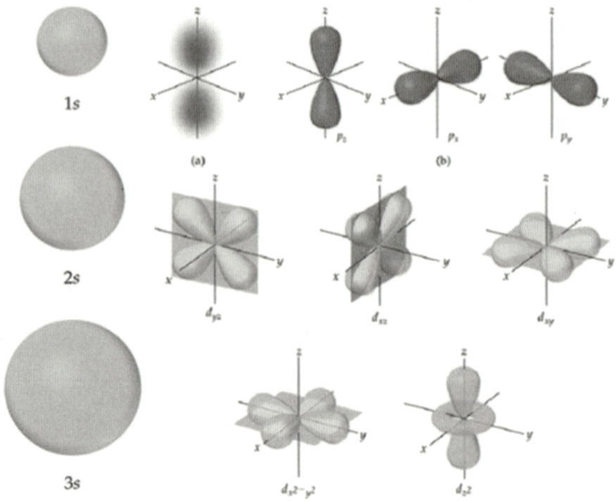

그림 3.15 전자구름의 오비탈

이러한 시대적 상황에서 슈뢰딩거가 만든 새로운 파동 방정식은 수소 스펙트럼을 잘 설명할 뿐 아니라 보어 모형과 맥스웰 방정식의 모순을 해결했다. 새로운 방정식에 의하면 전자는 원자핵 주위를 돌고 있는 입자가 아니라 구름 형태로 구성된다. 화학에서 사용하는 전자구름 오비탈의 개념이 여기에서 나오게 된다.

닐스 보어 연구소

코펜하겐 해석
보어, 하이젠베르그, 보른
입자를 관측할 확률

그림 3.16 물질파의 해석

수소 원자에 적용한 결과로 방정식에 대한 신뢰는 생겼지만, 방정식에서 나오는 물질파가 무엇인가는 슈뢰딩거 조차도 알지 못했다. 이런 상황에서 보른 1882년~1970년이 물질파를 입자가 발견될 확률로 해석하였다. 이를 코펜하겐의 보어가 받아들여서 보강한 것이 양자역학의 코펜하겐 해석이다. 그림 3.17에 코펜하겐 해석을 요약하였다. 보른은 이 공로로 1954년에 노벨상을 수상하고 코펜하겐 해석은 오늘날 양자역학의 정통 해석으로 인정된다.

양자계는 파동함수로 기술
양자계는 근본적으로 확률적
양자계에서 물질은 파동-입자 이중성
관측은 양자도약을 일으킨다
양자계는 비국소적

그림 3.17 코펜하겐 해석

그러나, 막상 코펜하겐 해석을 반대한 대표적인 사람은 드브로이, 슈뢰딩거, 아인슈인이다. 본인의 방정식을 이상하게 해석한다며 노골적으로 가정 먼저 반대한 슈뢰딩거는 유명한 슈뢰딩거 고양이를 제시하였다.

밀폐된 방에 방사선이 나오는 물질을 놓고 이를 탐지하는 센서를 부착한 후에, 방사선이 탐지되면 독가스가 들어 있는 병을 깨는 장치를 한다. 이 방에 고양이를 둔다고 가정한다. 방사선이 나오면 독가스의 병이 깨지므로 고양이는 죽게 되고 그렇지 않으면 고양이는 살아 있게 된다. 이때 코펜하겐의 해석을 적용하면 방사선이 확률로 나오게 되고 결국 고양이도 생존도 확률로 결정된다.[15] 즉, 고양이의 상태는 생과 사의 중첩으로 나타난다는 주장이다. 슈뢰딩거는 이런 어처구니 없는 상태를 설명하며 코펜하겐 해석의 억지를 주장한 것이다.

15 여기에서 확률은 실험을 여러 번해서 고양이가 죽은 상태로 끝나는 경우, 살아 있는 상태의 경우로 구분하는 것이 아니다. 한번의 실험에서 고양이의 상태에 확률이 내재되어 있는 것을 의미한다.

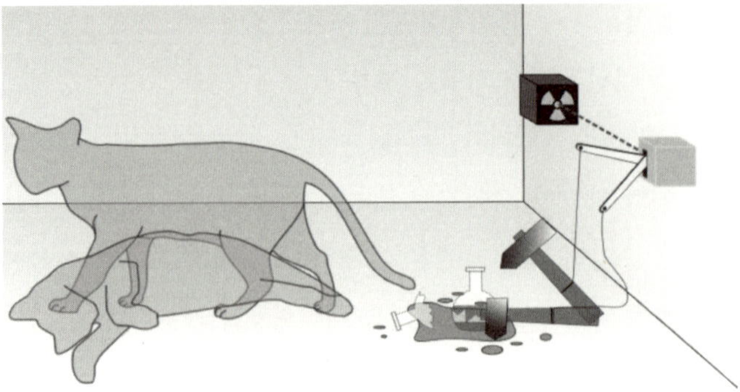

그림 3.18 슈뢰딩거 고양이

코펜하겐 해석에 받아들이면, 슈뢰딩거 방정식에서 상식으로 이해할 수 없는 현상이 하나 더 있다. 양자 터널링 현상이다. 그림 3.19에서 물체는 벽이 있으면 뚫고 지나가지 못하고 충돌하게 된다. 그러나, 파동은 통과한다. 금속에 비춘 빛의 경우에도 금속을 뚫고 지나가는 소멸파evanescent wave가 존재한다. 금속이 매우 얇으면 완전히 소멸하기 전에 투과하는 파동이 있을 것이다. 슈뢰딩거 방정식의 물질파도 이런 성질을 가진다. 물질파를 입자를 발견할 확률로 해석하면 입자가 벽을 뚫고 지나갈 확률이 미약하게 존재할 것이고 아주 많은 입자를 쏜다면 벽을 뚫고 지나간 입자를 발견할 수 있게 된다. 이 현상이 오늘날 반도체 공정에서 고려해야 하는 양자 효과이다.

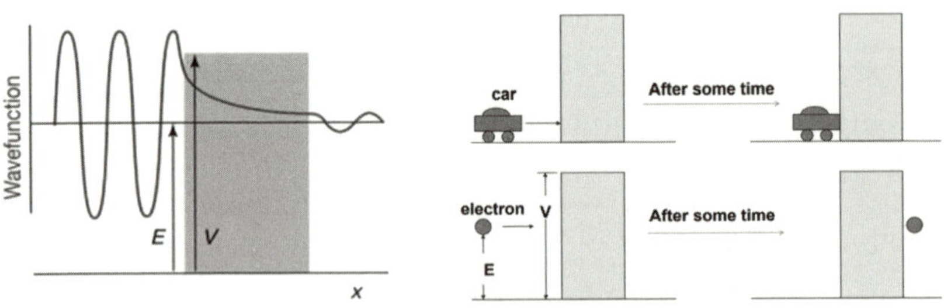

그림 3.19 양자 터널링

드디어, 1927년과 1930년 두 차례에 걸쳐 솔베이 회의에서 코펜하겐 학파의 수장인 보어와 반대파의 거두인 아인슈타인이 만났다. 여기에서 아인슈타인은 자신의 특기인 사고실험을 이용하여 양자역학의 부당함에 대한 예를 제시하였고, 보어는 코펜하겐의 연구원들과 밤을 새워 고민하여 겨우 답변을 하였다. 이로써, 양자역학을 반대한 아인슈타인[16]의 공격으로 코펜하겐 해석은 논리적으로 더 탄탄해져서 아인슈타인이 원치 않는 결과를 낳았다. 결국, 아인슈타인의 아이디어는 고갈되고, "신은 주사위를 던지지 않는다"라는 유명한 말을 남겼다. 이 때, 보어는 "신이 무엇을 할지 당신이 결정하지 마라"라고 했다고 전해진다.

그림 3.20 아인슈타인과 보어

16 정확하게는 슈뢰딩거 방정식을 해석하는 코펜하겐 해석을 반대하였고 당시에 이를 양자역학이라고 칭하였다. 그래서, 오늘날에도 아인슈타인이 양자역학 전부를 반대한 것으로 오해하고 있다. 아인슈타인은 "양자역학은 불완전하다"라고 표현했다.

3.3 중첩과 간섭

이것으로 코펜하겐 학파의 제 1차 양자혁명은 성공적이였다. 그러나, 상식으로 코펜하겐 해석을 이해하는 것은 어렵다. 앞에서 빛의 파동설의 증거인 이중 슬릿 현상과 맥스웰 방정식을 광자를 이용하여 다시 해석한 물리학자가 파인만이다. 그는 이중 슬릿 현상을 수학적으로 다시 해석하여 경로적분법을 개발하고 맥스웰 방정식을 양자화하여 양자 전기역학을 완성한다. 1961년 가을부터 1963년 봄까지 칼텍Caltech, 캘리포니아 공과대학에서 강의한 내용을 바탕으로 하는 ≪파인만의 물리학 강의≫에서 파인만은 이중 슬릿 실험을 강조하였고, 오늘날 영-파인만 사고 실험으로 매우 유명한 것이 되었다.

이중 슬릿 실험에서 나타나는 간섭 무늬를 파동으로 해석하면 아무런 문제없이 현상을 잘 설명할 수 있다. 그러나, 레이저 기술이 발달함에 따라서 광자 한 개를 다룰 수 있어 자연스럽게 한 개의 광자로 슬릿 실험을 하는 것을 상상할 수 있다.

이중 슬릿에서 하나의 슬릿을 막으면, 그림 3.21의 상단과 같은 결과를 얻는다. 오른쪽에 나타낸 그래프는 코펜하겐 해석에 따른 광자가 발견될 확률을 의미한다. 이런 확률 분포는 하이젠베르크의 불확정성 원리로 성립한다. 불확정성 원리에서 위치와 속도를 동시에 정밀하게 측정할 수 없으며 위치의 오차와 속도의 오차의 곱은 특정 값 이상이 되어야 한다. 단일 슬릿을 광자 통과하는 것이 확실하여 광자 위치의 오차가 감소하게 된다. 그러므로, 광자 속도의 오차가 증가하여 여러가지 값을 가지게 된다. 확률 분포로 보아서 단일 슬릿의 경우 스크린의 임의에 위치에 광자가 갈 수 있다. 이제 막았던 다른 슬릿을 열어서 이중 슬릿을 만든다. 이중 슬릿의 경우에는 광자가 두개의 슬릿 중에서 하나의 슬릿을 통과할텐데, 둘 중에서 상단에 있는 슬릿을 통과하는 경우만 생각한다. 간섭 무늬 결과로서 그림 3.21의 아래 그림과 같은 확률 분포를 가져야 한다. 즉, 스크린 상에 광자가 갈 수 없는 점들이 있게 된다. 그러나, 그 점들도 단일 슬릿인 경우에는 광자가 갈 수 있다. 광원을 출발하여 광자가 상단 슬릿을 통과하여 스크린으로 갈 때 하단 슬릿이 열렸는지 그렇지 않은지를 확인하고 스크린 상에 접근할 수 없는 점들을 피해야 한다는 결론이 나온다. 광자가 하단 슬릿을 통과하지 않았는데, 어떻게 하단 슬릿이 열렸는지 그렇지 않은지에 대한 정보를 알 수 있을까? 말이 되지 않는다.

이를 해결하기 위해서는 이중 슬릿의 경우 광자가 두 개의 슬릿을 동시에 통과하여야 한다. 광자가 두개로 쪼개져서 하나는 상단 슬릿, 다른 하나는 하단 스릿을 통과하는가? 광자는 더 이상이 쪼개지지 않는 입자이기에 이것 또한 불가능하다. 그러면, 하나의 광자가 동시에 상단 슬릿과 하단 슬릿을 통과한다는 결론이 나오는데, 이것 또한 이해하기 어렵다.

파인만은 마지막 가능성을 선택했다. 하나의 광자는 확률적으로 두 개의 슬릿을 동시에 통과한다. 관측될 때까지는 상단 슬릿을 통과하는 광자와 하단 슬릿을 통과하는 광자가 중첩되어 있고 각각의 경로를 통과하는 광자는 다른 확률파를 가진다. 스크린에서 만나서 관측될 때 확률파의 중첩으로 간섭이 일어난다. 만약에 센서를 이용하여 어느 슬릿을 통과하는지 관측한다면 간섭 현상을 사라질 거라고 예측하였다. 이는 코펜하겐 해석에서 가장 이해되지 않는 관측의 영향을 고려한 것이다. 양자 상태를 관측하면 파동 함수는 붕괴되면서 양자 점프가 발생한다고 했으므로, 확률파는 붕괴되고 간섭 무늬는 사라질 것이다. 파인만의 예측에 대하여 현재 실제로 많은 실험들이 시도되고 있지만 당시에는 기술 상의 한계로 사고 실험에 머물렀다.

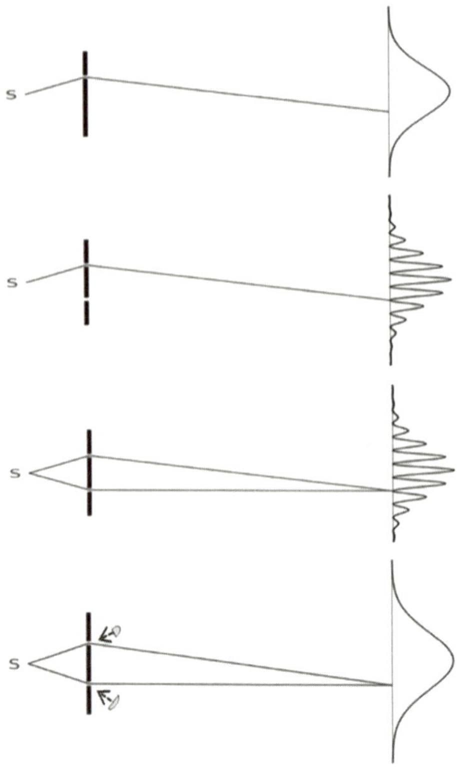

그림 3.21 영-파인만 사고실험

이런 파인만이 1980년대 초에 알랭 아스페Alain Aspect와 만나게 된다. 당시 아스페는 박사 학위 논문으로 뒤에서 소개할 EPR 모순에 관한 벨 부등식을 증명하는 실험을 최초로 성공한 실험 물리의 세계적인 신예이다. 논문 결과에 대한 세미나를 하면서 세계를 돌아다니다가 칼텍에서 파인만과 만나게 된다. 앞에서 설명했듯이 파인만은 광자 한 개를 가지고 하는 실험에 대하여 오랫 동안 고민하던 차에 아스페와 여러 이야기를 하게 된다. 이론 물리학의 거장과 실험 물리학의 신예가 새로운 실험에 대하여 여러 이야기를 나누면서 의기투합하여 아스페는 칼텍에서 파인만과 같이 연구를 하게 된다. 이때부터 제 2차 양자 혁명이 싹 뜨기 시작했다.

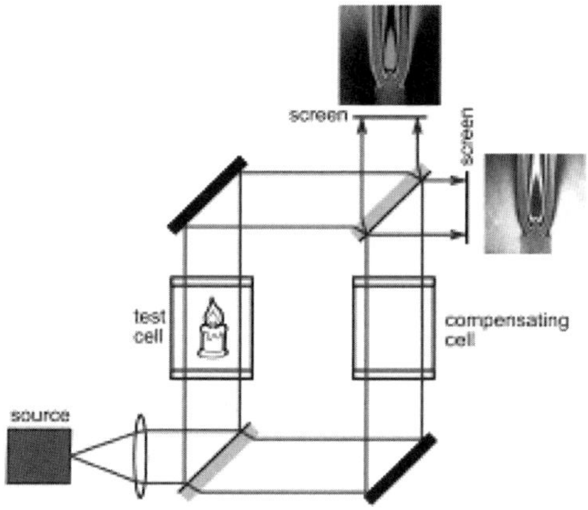

그림 3.22 마하-젠더 간섭계

파인만-아스페의 실험은 마하-젠더 간섭계Mach-Zehnder interferometer를 이용한 것이다. 그림 3.22는 기계공학에서 고온 가스의 비접촉 가시화를 보여 주는 개략도이다. 반투명 거울beam splitter을 이용하여 빛을 두 개로 분리한 후에 다시 만나게 하여, 여기에 반투명 거울을 두면 두 개의 상이 나타난다. 정확하게 보정calibration이 되면 한쪽으로만 빛이 가고 다른 쪽은 어둡다. 이는 파동이 반사와 투과가 될 때 위상이 변하는 현상을 이용하여 한쪽에는 보강간섭, 다른 쪽은 상쇄간섭이 발생하는 현상을 이용한 것이다. 이런 후에 고온의 물체를 한쪽 빛의 경로에 놓으면, 마지막 두 개의 상에서 이미지가 나타나게 된다. 이것은 봄에 공기 중에 아지랑이가 보이는 현상과 같다. 온도에 따른 공기의 밀도로 차이로 인해 빛의 투과율이 달라서 생기는 것이다. 이러한 현상을 이용하여 아스페는 광자를 가지고 실험을 하였다.

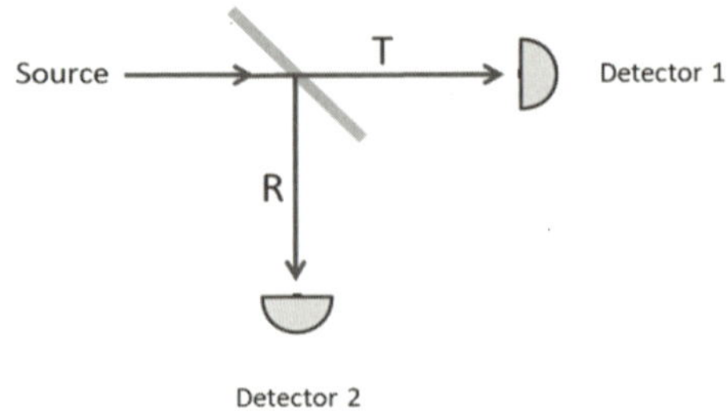

그림 3.23 실험 1

우선 그림 3.23의 첫번째 실험에서 광자를 한 개씩 반투명 유리를 통과시켜서 투과(T)한 경우와 반사(R)된 경우를 센서를 이용하여 관측하였다. 광자는 한 개씩 사용하여 여러 번 실험을 한다. 결과는 우선 T와 R이 각각 발견되고 T와 R이 동시에 발견되는 경우는 없었다. 이것은 광자가 더 이상 쪼갤 수 없는 입자라는 것을 다시 한번 더 확인하는 결과이다. 그리고, T와 R의 발생 비율은 동일하여 확률 P(T) = P(R) = 1/2이다. 즉, 반투명 유리에서 광자는 같은 확률로 투과되거나 반사된다. 이 또한 코펜하겐 해석의 양자 상태는 확률적이라는 것을 확인하는 결과이다.

그림 3.24 무작위(random)의 분류

양자 역학에서 언급하는 확률은 뉴턴역학의 사고 방식의 확률과 차이가 있다. 그림 3.24는 확률을 가지는 무작위에 대한 분류를 보여준다. 오랫동안 동전 던지기는 수학에서 대표적인 확률 사건으로 여겨졌다. 모든 절차가 결정이 나 있는 컴퓨터를 이용하여 동전 던지기와 같은 난수를 생성하는 것은 불가능한 것으로 여겨서, 컴퓨터에서 가장 많이 사용하는 난수 발생기인 선형 합동 생성기linear congruential generator는 유사 난수pseudo random으로 여겨졌다.

그러나, 양자역학의 관점에서 보면 동전 던지기는 미래가 결정되는 뉴턴 역학의 지배를 받는다. 우주의 모든 입자의 운동의 정확한 초기조건을 알면 미래가 결정이 된다는 생각이다. 그러므로, 동전 던지기에서 확률 요소는 미처 다 고려하지 못한 입자의 운동과 관측에서 발생하는 초기조건에서 생긴다. 이는 "확률은 무지에 관한 과학이다."라고 한 파스칼의 말과 일치한다. 인간의 능력으로 알 수 없는 무지로 발생하며 라플라스의 악마[17]는 모든 것을 알고 있다는 것이다. 동전 던지기가 만드는 난수는 뉴턴 역학의 난수 이며, 모순을 내포하는 듯한 결정 난수deterministic random라는 이름을 사용한다.[18]

코펜하겐 해석에서 말하는 양자 상태가 확률적이라는 것은 본질적으로 무작위하다는 것이다. 아인슈타인의 용어를 빌리면 신이 주사위를 던지고 있는 것이다. 흔히, 진성 난수true random라는 용어를 사용하여 표현한다. 아인슈타인은 여기에 거부감을 가져서 확률이 발견되는 실험 현상은 결정 난수에 불과하고 인간의 무지에 따른 것이라고 주장했다. 그래서, 아직 발견되지 않거나 또는 관측할 수 없는 숨은 변수가 있다고 가정하는 숨은 변수 이론hidden variable theory를 개발했다.

17 라플라스가 "우주에 있는 모든 원자의 정확한 위치와 운동량을 알고 있는 존재가 있다면, 이것은 뉴턴의 운동 법칙을 이용해 과거, 현재의 모든 현상을 설명하고, 미래까지 예언할 수 있다"라고 언급했다. 후세에 사람들이 이러한 존재를 라플라스 악마라고 불렀다. 최초의 슈퍼컴퓨터인 크레이(Cray)사가 개발한 컴퓨터의 별명이기도 했다.

18 결정론의 세계에서도 무작위가 나올 수 있다는 것은 "홍콩의 나비의 날개 짓이 뉴욕에 폭풍우를 일으킬 수 있다."라는 말로 대표되는 혼돈 이론(chaos theory)의 주요 결과이다. "결정 난수"라는 용어는 혼돈 이론에서 사용한다.

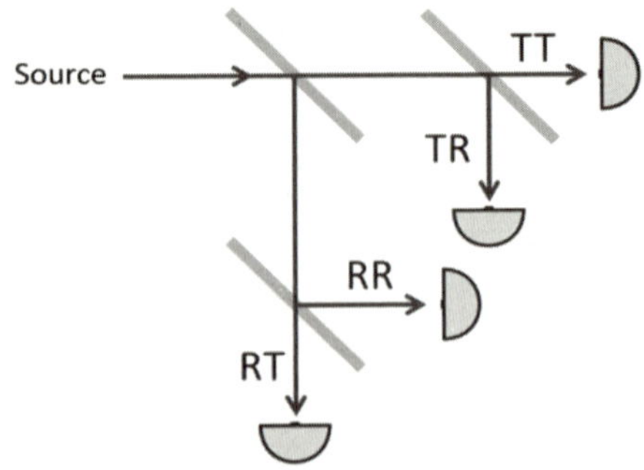

그림 3.25 실험 2

그림 3.25는 다음 실험이다. 반투명 거울로 분리한 빛을 다시 한번 더 반투명 거울로 분리하였다. 각각의 경로를 TT, TR, RR, RT로 표시하면, 센서에 검출되는 광자의 확률은 P(TT) = P(TR) = P(RR) = P(RT) = 1/4로 실험으로 나타냈다. 첫번째 반투명 거울의 작용과 두번째 반투명 거울의 작용이 독립 사건이라는 가정을 사용하여 계산한 값과 일치한다.[19] 그러므로, 첫번째 반투명 거울과 두번째 반투명 거울 각각의 작용은 독립이라는 가정은 합당하다. 이는 상식과도 일치하는 것이다.

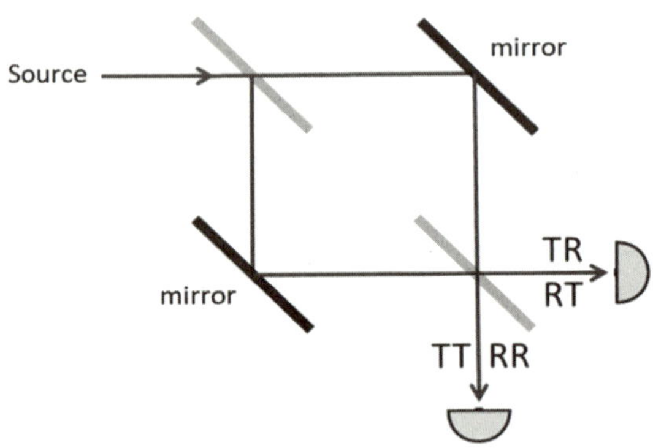

그림 3.26 실험 3

19 보기로서 P(TT) = P(T)P(T)이다. 다른 것도 같은 식을 만족한다.

세번째 실험은 그림 3.26과 같이 거울을 이용하여 빛의 경로를 변경하여 마하-젠더 간섭계를 형성한다. 거울에 의하여 빛의 경로가 변경된 것은 반투명 거울의 작용에 영향을 미치지 않을 것이므로 광자 한 개의 경로는 거울 반사는 확률 1이므로 무시하고 독립적인 두 개의 반투명 거울의 작용에 의하여 결정된다. 그러면, 두 번째 실험의 결론 P(TT) = P(TR) = P(RR) = P(RT) = 1/4과 두 경로가 합쳐지고 광자가 쪼개져서 두 경로를 동시에 지나지 않기 때문에 P(TT 또는 RR) = P(TT) + P(RR), P(TR 또는 RT) = P(TR) + P(RT)여서 P(TR 또는 RT) = P(TT 또는 RR) = 1/2를 예상하지만, 실제 실험 결과는 P(TR 또는 RT)=1, P(TT 또는 RR) = 0을 얻는다.

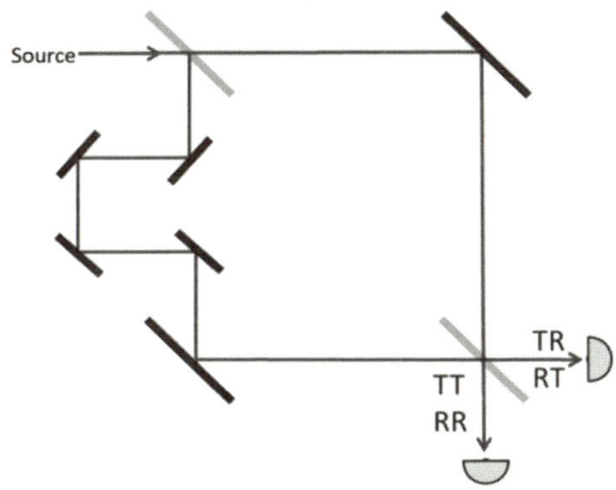

그림 3.27 실험 4

광자의 경로에 거울을 추가하여 그림 3.27과 같은 구성을 하고 광자 경로의 거리를 조정하면 P(TR 또는 RT)=0, P(TT 또는 RR) = 1의 실험 결과 또한 얻는다. 추가한 경로를 조정하면 연속적인 확률값 또한 얻을 수 있다.

그림 3.21의 영-파인만 사고 실험 중에서 관측 효과를 제외하고 광자의 간섭 효과를 실험으로 확인한 것이다. 파인만-아스페의 실험에서 2번째 반투명 거울를 만난 광자는 간섭계의 전체 구성을 알지 못하면 진로를 결정하지 못한다. 바꾸어 말하면, 광자가 지나가지 않은 경로에 있는 간섭계의 구성이 광자의

진로 방향에 영향을 주고 있다. 앞에서 언급했듯이 파인만은 광자가 확률파를 가지며 반투명 거울이 만드는 두가지 경로를 모두 지나가는 상태의 중첩으로 해석한다. 경로가 다시 만나는 지점에서 각각의 확률파가 중첩이 되면서 간섭 현상이 생긴다는 것이다.

더 이상 쪼개지지 않는 광자가, 분명하게 분리되어 있는 것으로 보이는 서로 다른 두 개의 경로를 동시에 지나간다는 것은 국소성locality에 위배된다. 국소성은 실재reality가 존재할 때 특정 시간에 유클리드 공간의 특정 위치의 부피를 다른 실재와는 배타적으로 차지하고 있는 것을 의미한다. 서양 철학의 아버지라고 불리는 데카르트가 "나는 생각한다. 고로 나는 존재한다"라고 말할 때, 나의 존재는 국소적인 존재를 의미한다. 이는 당시 유럽인의 인식론에서 너무나도 당연한 것이기에 모든 것을 끝없이 의심하는 철학자조차도 의심하지 않았던 사항이다.

그런데, 양자 상태는 국소적으로 존재하지 않는다는 것이 실험으로 밝혀졌고, 이것이 코펜하겐 해석에서 양자 상태는 비국소적이라고 선언한 것이다. 국소성을 가진 입자로 우주가 구성된다는 형이상학 인식론을 가진 당시의 유럽에서는 상식에 위배되어 받아들이기 힘든 주장이었다.

동양에서는 전통적으로 우주가 기氣로 이루어졌고 모든 삼라만상이 기를 통하여 연결되어 있다는 생각을 가지고 있다. 이러한 사고는 기본적으로 비국소적이며 전체에서 부분을 국소적으로 분리하여 독립적으로 생각하지 않는다. 앞에서 언급한 맥스웰 방정식의 장場과 비슷한 개념이기도 하다.

그림 3.28 양자물리와 동양사상과 연관을 설명한 책과 보어가 예복에 사용한 문양. 문양 중간의 라틴어는 "대립적인 것은 상보적인 것이다"를 의미한다

또한 역易을 바탕으로 삼라만상을 음陰과 양陽으로 구분하지만, 음과 양은 배타적이고 정적인 것이 아니라, 상보적이고 동적이며 또한 중첩을 가지기도 한다. 입자와 파동을 음양으로 분류하면 입자는 양이고 파동은 음이 된다. 코펜하겐 해석의 파동-입자 이중성이라는 말을 단순 치환하면 음-양 이중성이라는 동양에서는 익숙한 말이 된다.[20] 이러한 연유로 양자물리를 연구한 많은 물리학자들이 동양사상에 매우 큰 관심을 가지게 되어, 1975년에 카프라의 ≪The Tao of Physics≫현대 물리학과 동양사상가 나온다.

지금까지 우리가 주위에서 흔히 볼 수 있는 매우 친숙한 빛을 이용하여 양자 역학의 코펜하겐 해석에 대하여 설명했다. 그러나, 사실은 코펜하겐 해석에 관한 전자가 가지는 물질파를 대상으로 하였고, 아인슈타인 제안한 빛의 입자설은 당시에 그다지 주목을 받지 못했다.[21] 상보성을 주장한 보어 조차도 빛의

20 저자의 경우에는 양자역학과 동양사상에 대한 노출이 비슷하여 "파동-양자 이중성"과 "음-양 이중성"이 주는 어감이 비슷하다. 교육이 서구화되고, 동양 사상보다 양자 물리에 관한 말을 많이 들어서 "파동-양자 이중성"이 더 익숙한 독자도 있을 것이다.

21 1921년에 광전자 효과로 아인슈타인이 노벨상을 수상하였지만, 노벨 물리학상은 특정 인물의 특정 이론을 대상으로 하기에, "상대성 이론"으로 벌써 세계적으로 유명한 아인슈타인에게 노벨상을 수여해야 하는 부담과 "상대성 이론"이 아직 충분히 검증되지 못한 점을 고려하여 아인슈타인의 업적 중에서 광전자 효과로 선정하게 된다.

입자설을 받아들이지 않았다. 두 거장의 아이러니한 대칭이다.

코펜하겐 해석에 대한 물리학자들 사이의 완전한 합의가 이루어지지 못했지만, 양자역학은 슈뢰딩거가 만든 파동 방정식과 하이젠베르크가 만든 행렬 방정식이 같은 것으로 밝혀지며, 코펜하겐 해석을 근거로 하는 양자역학 공준postulate을 수립하는 수학적 체계를 완성한다. 많은 실험의 결과들을 공준에서 출발하여 수학 계산을 통하여 도출하여, 코펜하겐 해석은 상식으로 이해하기 힘들지만 양자역학의 수학 체계는 인정받게 된다. 고전역학으로 설명하지 못하고 양자역학으로만 설명 가능한 현상이 많이 있지만, 여기에서는 양자 컴퓨터에서 많이 사용하는 전자의 스핀과 광자의 편광에 대하여 소개한다.

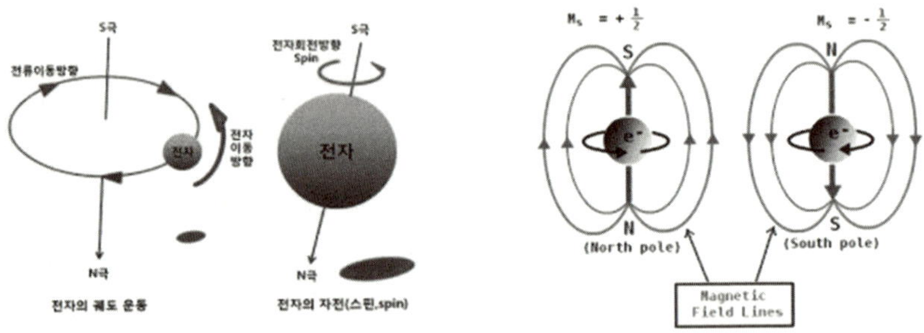

그림 3.29 전자의 스핀

원자가 자성자석의 성질을 가지는 것을 발견하고 처음에는 보어 모형에서 원자 주위에 전자가 회전하여 암페어의 법칙Ampere's law으로 설명하였다. 하지만, 보어 모형은 슈뢰딩거 모형으로 바뀌게 되고 실험에서 전자 단독으로도 자성을 가지는 것을 발견했다. 당시 과학자들이 전자가 회전하는 것을 상상하여 스핀spin이라는 이름을 붙였다. 그래서, 스핀이라는 이름으로 인해서 전자의 자전으로 자성을 가지게 된다고 오해를 하게 되었다. 스핀이 무엇인지는 이해할 수 없지만 자성을 가지면, 전자는 스핀을 가진다는 것이 보다 정확한 표현이겠다.

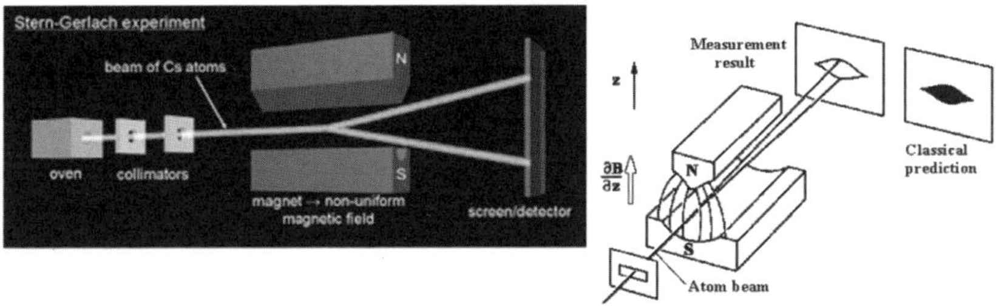

그림 3.30 슈테른-게를라흐 실험

양자화된 스핀을 증명한 실험은 슈테른과 게를라흐의 실험1922년이다. 전기적으로 중성인 은Ag을 가열하여 기체로 만든 후에 자기장이 걸려 있는 공간을 통과 시킨 후에 스크린에 나타나는 은 입자의 흔적을 하는 것이다. 편의상 스크린의 좌표를 X, Y로 나타내고 은 입자가 스크린으로 향하는 방향을 Y라고 한다. 자성을 가지는 전자의 스핀이 외부 자기장을 영향으로 직진하던 은 입자의 괘적은 Z방향으로 굽게 된다. 스핀의 크기에 따라서 괘적의 굽은 정도가 다르게 나타난다. 맥스웰 방정식의 관점에서 스핀의 양은 연속량을 가지므로 스크린에 나타난 은 입자의 흔적이 연속적으로 나타나기를 기대할 수 있다. 그러나, 실험 결과는 그림 3.30과 같이 불연속한 이산값을 가졌다. 이는 스핀이 양자화되어 있는 것을 보여준다 그리고, 굽은 방향이 반대인 것으로 스핀의 부호가 서로 반대가 되는 것을 알 수 있다. 양자 상태의 스핀은 연속적인 값을 가지는 것이 아니라 부화가 다른 두 개의 상태의 중첩으로 존재한다.

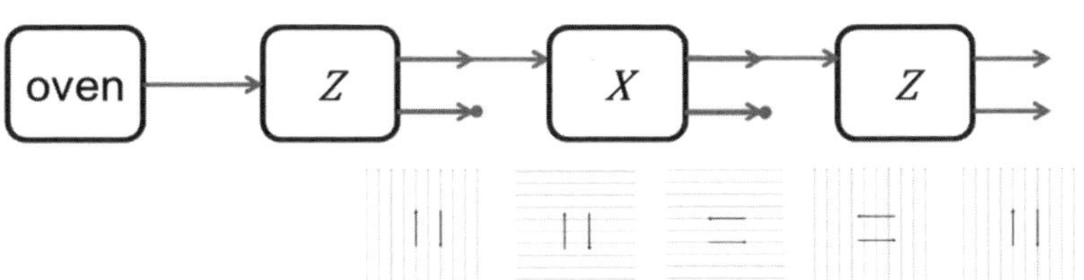

그림 3.31 외부 자기장의 방향을 수직으로 변경할 때, 전자 스핀의 방향. 하늘색은 자기장을 나타내며 빨간색은 스핀을 나타낸다.

추가적인 실험으로 더욱 기이한 현상이 발견된다. 그림 3.31에서 나타낸 것과 같이 Z방향의 자기장을 이용하여 은 입자를 두 개의 빔beam으로 분리한 후에 이중 하나의 빔만을 고려한다. 스핀이 분리 되었기에 가능한 두 개의 스핀 상태 중에서 하나의 상태만을 가지게 된다. 다시 X방향의 자기장을 작용하면, 또 X방향으로 분리된 두 개의 빔을 얻는다. 입력된 스핀의 상태는 분리된 한가지 상태인데, 다시 스핀이 분리된 것은 이해하기 어려운 현상이다. 특히, Z방향으로 분리한 스핀에 대하여 X방향의 외부 자기장을 작용하면 고전역학에서는 힘이 작용하지 않는다. 더욱 더 난해한 상황이 되었다. 이렇게 분리한 X방향의 빔 중에 하나를 이용하여 앞에서와 반대로 Z방향으로 외부 자기장을 작용하면, 방향으로 분리된 두 개의 빔을 다시 얻는다. Z방향으로는 앞에서 분리를 했기에 또 이해하기 어려운 현상이다. 그러나 양자역학에서는 스핀 현상이 잘 해석되며, 나아가서 오늘날 하드디스크HDD에 응용까지 하고 있다. 보다 자세한 설명은 4장에서 하겠다.

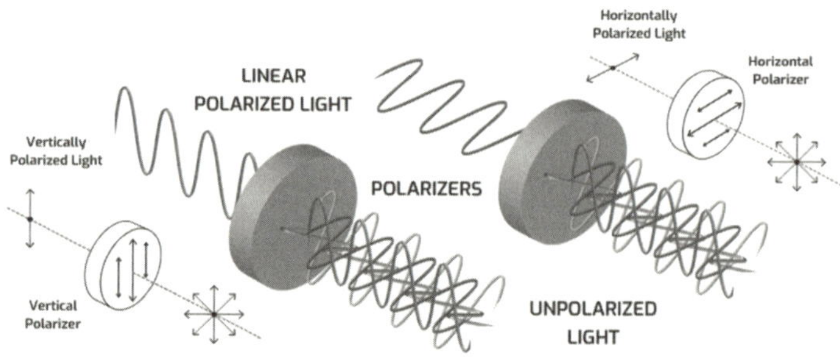

그림 3.32 빛의 편광

다음으로 소개할 양자 현상은 빛의 편광에 관한 것이다. 고전적으로 맥스웰 방정식을 이용하여 설명하면 빛은 전자기파이므로 특정 방향의 전자기파로만 구성된 빛을 편광이라고 한다. 자연계에서는 여러 방향의 전자기파가 함께 존재하므로, 특정 방향의 빛만을 통과시키는 편광판을 이용하여 편광을 만들 수 있다. 즉, 편광판은 특정한 방향의 빛만 통과시키는 결을 가진다. 두 개의 편광을 겹칠 경우에는 편광판의 결이 이루는 각도가 중요하다. 두 편광판의 각도가 0이면 앞 편광판을 통과한 편광과 뒤 편광판의 결이 일치하므로 모두 통과하게 된다. 두 편광판의 각도가 90이면, 앞 편광판을 통과한 편광의 방향과 뒤 편광판의 결이 수직하여 빛이 통과하지 못한다. 임의의 각도의 경우에 그림 3.33의 말루스 법칙Malus' law이 성립한다. 앞 편광판을 통과한 빛이 뒤 편광판의 방향과 수직 방향으로 벡터 분해 되어 뒤 편광판에 해당하는 성분만 통과한다고 생각하면 된다.[22]

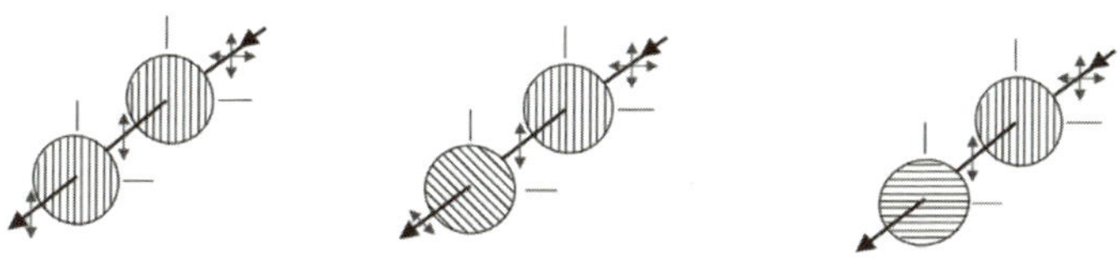

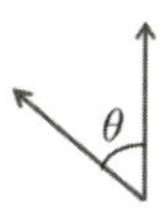

$$I = I_{max} \cos^2 \theta$$

그림 3.33 말루스 법칙

이러한 현상을 이용하면 그림 3.34의 양자 벤다이어그램이라고 일컫는 현상을 만들 수 있다. 0°, 45°, 90°의 관계를 가지는 세 개의 편광판을 겹치면, 두 개가 겹치는 부분의 밝기도 서로 다르고, 세 개가 겹치는 부분이 가장 어둡지도 않다. 투과할 수 있는 반 투명 필름을 많이 겹칠수록 점점 더 어두워진다는 상식하고 다르다.

22 편광판에 해당하는 편광 필름은 쉽게 구할 수 있다. 이를 이용하여 간단하게 실험 해볼 수 있다.

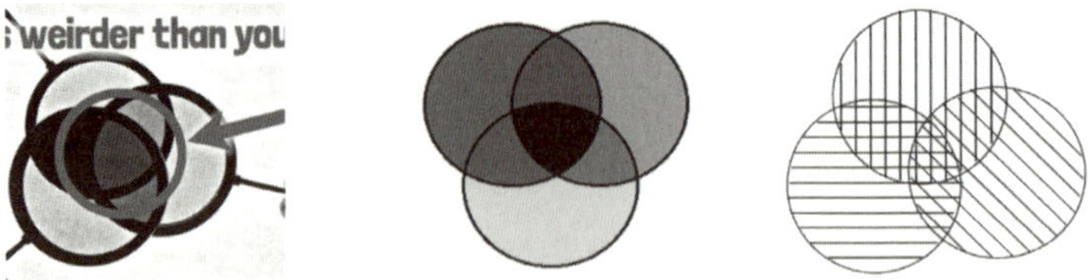

그림 3.34 양자 벤다이어그램

빛의 편광 현상은 영의 실험처럼 빛의 파동설에서는 쉽게 이해되는 현상이지만 광자를 상상하면 양자역학으로 설명해야 한다. 한 개의 광자는 수직 방향과 수평 방향 두 가지 상태의 중첩이며 수직 편광판으로 관측하면 수직 방향이 발견되고 수평 편광판으로 관측하면 수평 방향이 관측된다. 45°로 기울어진 편광판을 이용하여 관측하면 확률 1/2로 관측이 된다.

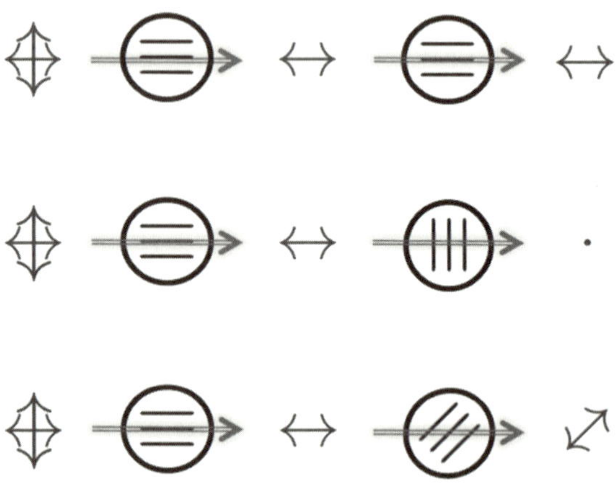

그림 3.35 편광의 양자 현상

코펜하겐 해석에서 관측을 하면 파동함수가 붕괴된다고 했다. 수직 방향과 수평 방향의 중첩 상태인 광자를 수평 편광판을 이용하여 관측한 광자는 파동함수가 붕괴되어 더 이상 중첩의 상태가 아니고 수평 상태이다. 그러므로, 이를 다시 수직 편광판을 이용하여 관측하면 발견되지 않는다. 그러나, 이때 사용한 수직 편광판 대신에 45° 편광판을 사용하면 광자가 발견이 된다. 파동 함수가 붕괴되었지만, 45° 상태와 135°의 중첩임을 알 수 있다. 이 또한 양자역학의 이해하기 어려운 현상이다.

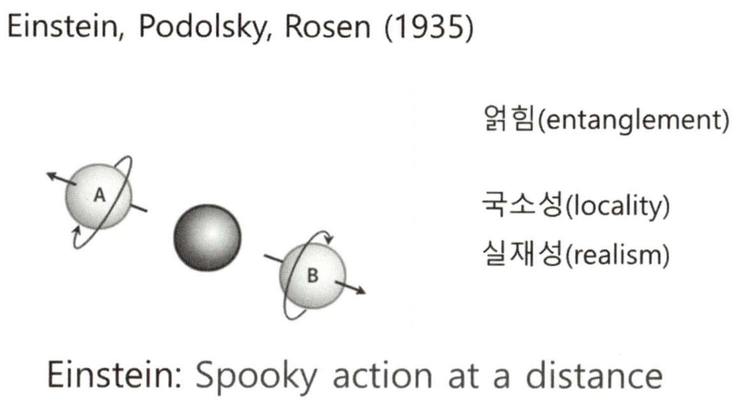

그림 3.36 EPR 모순

3.4 얽힘

솔베이 회의에서 양자 역학의 불완전성을 입증하는데 실패한 아인슈타인은 1935년에 포돌스키, 로젠과 함께 오늘날 EPR 모순이라 불리는 양자 역학을 인정하면 나올 수 밖에 없는 또 다른 설명하기 힘든 현상을 제시한다. EPR 논문은 수학적이여서 후에 데이비드 봄이 1951년에 제시한 전자의 스핀을 이용하여 설명한다. 원자에 있는 전자 두 개는 파울리의 배타의 원리에 의행 다른 방향의 스핀을 가진다. 이를 분리하여 전자 하나를 안드로메다로 보낸다.[23] 그 후에 지구에 남아 있는 전자의 스핀을 측정하면, "+" 또는 "−"의 값을 확률적으로 가진다. "+"라고 가정하면, 안드로메다에 있는 전자의 스핀은 "−"가 된

23 아인슈타인 상대성 원리의 사고 실험에서부터 "멀리"를 "안드로메다"라고 표현한다.

다. 여기까지는 고전물리의 보존량 법칙으로 설명된다. 처음부터 서로 다른 스핀이라는 것을 알고 있기 때문이다. 그러나, 지구에서 *Z*방향으로 측정하면 안드로메다의 전자 또한 *Z*방향이 되고, *X*방향으로 측정하면 방향이 된다. 지구에서 선택한 방향의 대한 정보가 안드로메다까지 빛보다 빨리게 순간적으로 전달된다. 이는 정보가 빛보다 빨리 전달될 수 없다는 상대성 이론을 위배하게 된다. 그러면, 정보를 전달한다는 가정을 포기하면 지구와 안드로메다에 있는 두 개의 전자는 실재reality가 비국소적nonlocality으로 존재하여 서로 영향을 준다는 것을 가정해야 한다. 이 또한 이상하다. 그러므로, 양자역학은 불완전하다는 것이 EPR 모순이다. 아인슈타인은 비국소성에 심한 거부감을 가져서 원거리 유령의 작용spooky action at a distance이라고 하였다. 앞의 영의 실험의 경우에는 매우 작은 슬릿의 간격에서의 비국소성인 것에 반해서 EPR의 경우는 지구와 안드로메다의 거리이다.

과학에서 비국소성에 대한 처음 언급은 만유인력을 발견한 뉴턴이다. 본인이 발견한 만유인력 법칙에 따르면 태양이 항상 존재하는 상황이 아닌 없던 태양이 갑자기 생성되는 상황을 고려하면, 생성된 태양의 중력이 전 태양계에 순간적으로 영향을 준다는 사실을 깨달았다. 뉴턴 또한 이런 현상을 비국소적이며 이해할 수 없는 현상이라고 언급했다.

뉴턴의 경우는 만유인력을 정상steady 상태의 모델이기에 그러한 것이다. 이를 비정상unsteady 상태의 모델로 확장한 것이 아인슈타인의 일반상대성 이론이고 위의 경우에 생성된 태양의 중력은 빛의 속도로 전파한다고 예측하였다.[24] 이러한 연유로 해서 아인슈타인은 모든 것은 국소적이어야 하며, 이것이 더 상식과 부합한다고 생각했다.

24 이것이 중력파이며, 라이너 바이스, 배리 배리시, 킵 손이 처음 발견하여 2017년에 노벨상을 수상한다.

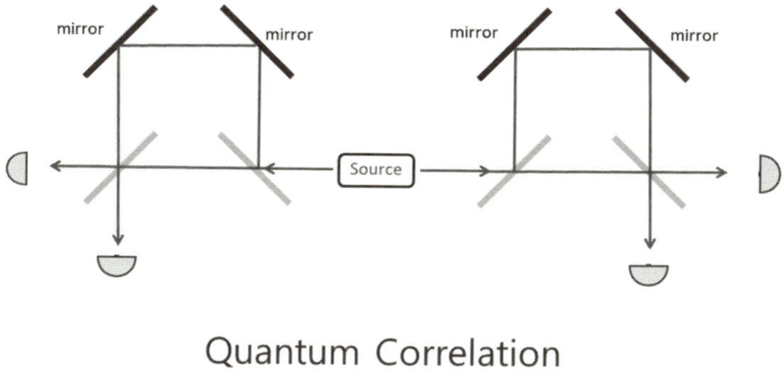

그림 3.37 프랜슨 간섭계

이러한 현상을 그 후로 양자 얽힘entanglement이라 한다. 사고 실험이 아닌 실제 실험은 프랜슨 간섭계를 이용하여 확인할 수 있다. 같은 방향으로 편광된 두 개의 광자를 서로 같은 거리로 떨어지게 한 후에 그림 3.37과 같이 반투명 거울과 거울을 배치한다. 양쪽은 대칭적으로 첫번째 반투명 거울에서 투과한 짧은 거리S와 반사된 긴 거리L로 구분할 수 있다. 가능한 두 광자의 경로를 앞의 광자부터 표기하여 SS, SL, LS, LL로 나타낸다. 두 번째 반투명 거울과 센서 사이의 거리는 같도록 조정하여, 두 번째 반투명 거울에 의한 반사와 투과에 의한 광자의 이동 경로에는 차이가 없도록 한다. 이런 방식으로 정확하게 조정 하여 센서에 광자가 탐지되면 소리가 나도록 장치 한다. 두 광자가 SS과 LL의 경로로 이동하면 양쪽에서 같은 시각에 동시에 소리가 나고, SL과 LS의 경로로 이동하면 양쪽에서 시간 간격을 가지고 소리가 난다. 실제 실험에서 항상 동시에 소리가 나는 것을 확인한다. 즉, 왼쪽으로 이동한 광자가 첫 번째 반투명 거울에서 투과를 하면, 두 번째 광자 또한 그러하고, 반대로 반사를 하면 또 똑같이 반사를 한다. EPR 모순을 설명하는 사고 실험과 같은 현상이 실험으로 증명된 것이다. 반대로 진행하는 두 광자는 양자 상관성을 가진다.

칠월 칠석에 오작교에서 만난 견우와 직녀가 서로 이야기를 하다가 자신의 별에 푸드점이 들어 온 이야기를 하게 된다. 새로 가게가 생긴 것이 신기해서 오늘 먹은 메뉴를 확인하니 서로 같았다. 우연히 같았겠지 라는 생각이 들지만 신기했다. 헤어질 때 일년 동안 먹은 식당의 메뉴를 적어서 내년에 다시 만날 때 확인하기로 약속한다. 일년 후 다시 만난 견우와 직녀는 메뉴를 확인하고 깜짝 놀란다. 일년 동안의 1000여끼의 메뉴가 완전히 일치 했다. "우연"일까 "필연"일까? 견우와 직녀는 알지 못했지만, "은하수 푸드"라는 회사가 생겨서 전 우주의 모든 별에 체인점을 개설했다. 품질 관리를 위하여 단일 메뉴만 제공하고 메뉴는 본사에서 관리하여 결정한다. 이런 상황을 안다면 "우연"일까 "필연"일까?[25]

이러한 논리가 그림 3.37을 해석하려는 숨은 변수 이론이다. 무작위성의 원천은 광자가 분리되기 전에 발생한 것이다. 이를 해결하기 위하여 벨이 1964년에 숨은 변수 이론과 양자 역학을 구분하는 벨 부등식을 만든다. 관측 값을 이용하여 두 이론 중에 어느 것이 옳은 이론인지 결정할 수 있는 부등식이다. 1982년 아스페가 그림 3.38에서 보는 실험 장치를 사용하여 벨 부등식의 값을 계산하여 양자 역학의 옳다는 것을 확인한다. 실제 벨은 숨은 변수 이론이 맞기를 바라면서 만든 부등식인데 결과는 반대였다. 이로써 EPR 모순으로 양자 역학이 불완전한 것이 아니라, 양자 역학은 완전하며 EPR 모순이 실제로 현실에 존재한다. 양자 상태는 얽힘이 가능하다. 2016년에 중국이 세계 최초로 양자 통신 위성 묵자호[26]를 발사하여 양자 통신에 성공을 한다. 이는 얽힘 현상을 이용한 것인데, 양자 얽힘이 1200km 정도의 먼 거리에서도 유지될 수 있다는 것을 보여준다.

---

25 이 이야기는 벨의 부등식을 일반인에게 설명하려는 지생의 ≪양자우연성≫의 내용이다. 이 이야기를 시작으로 얽힘을 설명하려고 하는데, 뒤로 가면서 이야기 흐름의 점프가 있어서 이해하기 어렵다.

26 묵자(墨子)는 제자백가 시대의 사상가이며 기하학, 물리학, 광학 등을 연구한 과학자이기도 하다.

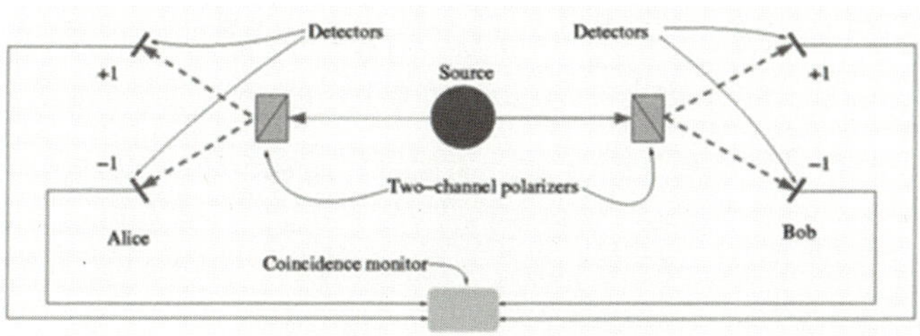

그림 3.38 벨 부등식에 관한 실험

[표지로 읽는 과학] 사이언스

이번 주 '사이언스' 표지엔 세계 첫 양자통신 위성 '묵자(墨子·Micius)'호의 모습이 실렸다. 중국은 지난해 8월 16일 오전 1시 40분 간쑤(甘肅) 성 주취안(酒泉) 위성발사센터에서 독자 개발한 세계 첫 양자위성 묵자호를 창정(長征) 2-D로켓에 실어 발사했다.

사이언스 제공

그림 3.39 중국의 인공위성 묵자호

앞에서 소개한 양자역학의 중첩과 간섭은 보어의 파동-입자 이중성을 사용하지 않고 파동 이론만으로도 설명 가능하다. 코펜하겐 해석에 반대하는 드브로이와 봄이 주장하는 파일럿 파동 이론pilot wave theory가 대표적인 것이다. 이 이론을 지지하는 물리학자들도 많이 있다. 하지만, 얽힘 현상은 파동 이론으로 설명할 수 없다. 상식으로 받아 들이기 힘든 코펜하겐 해석을 인정하면, 비국소성으로 억지로 설명이 되는 현상이다. 이로써 본격 제2차 양자 혁명이 시작된다.

얽힘 현상은 여전히 이해가 되지 않지만, 이제는 많이 알려져 있다. 물리학의 4가지 힘으로 설명할 수 없는 텔레파시와 같은 초현상을 연구하는 사람들은 양자 얽힘으로 이를 설명하려고 노력하고 있다. 이러한 주장에 대하여 물리학자들 사이에서도 논쟁이 있었지만, 과학 철학자 포퍼가 말한 "과학은 검증 가능해야 한다."의 입장에서 보면 과학이라기 보다는 아직 유사과학이라고 할 수 있다. 벨 부등식과 같이 실험으로 검증할 수 있는 주장이 과학인 것이다.

3.5 정리하면

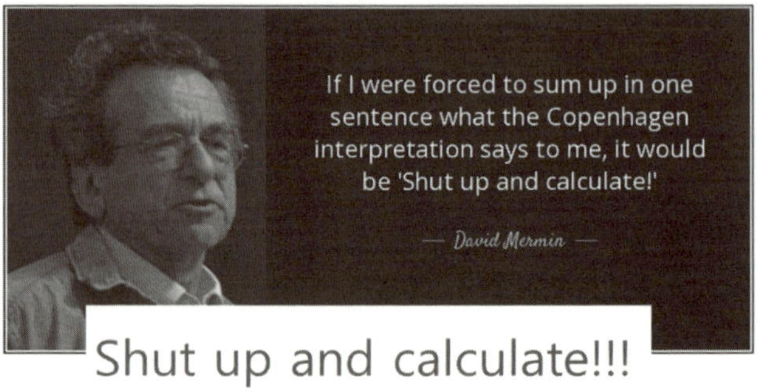

그림 3.40 물리학자 데이비드 머민

지금까지 양자 컴퓨터에서 중요한 양자물리의 개념을 소개하였다. 요약하면 중첩, 간섭, 얽힘이다. 코펜하겐 해석을 바탕으로 하고 있지만, 상식으로 이해되지는 않는다. 코펜하겐 해석을 바탕으로 양자물리를 한마디로 요약하면 머민의 닥치고 계산이나 해라이다. ≪온도계의 철학≫을 쓴 캠브리지 대학의 장하석 교수 또한 양자 역학의 해석에 관심이 있어서 미국으로 유학을 갔는데, 막상 미국의 물리학과에서는 계산만 하는 분위기여서 과학 철학으로 옮겼다고 말한 바 있다. 가장 열린 마음으로 논쟁을 좋아할 것 같은 미국의 물리학계가 조용히 하고 진도 나가자라고 하는 한국의 암기식 교육과 어찌 비슷한 거 같다.

4

양자물리에서의 수학

4.1 들어가면서

4.2 선형 대수학

4.3 브라-켓 표기

4.4 정리하면

4.1 들어가면서

저자가 좋아하는 사자성어로 견지망월見指忘月이 있다. 할머니가 방아를 찧는 토끼 두 마리가 있는 달을 아기에게 보여 주고 싶어서 손가락으로 달을 가리키지만 아기는 달을 보지 않고 할머니의 손가락만 본다는 의미이다. 견월망지見月忘指하는 것이 올바른 태도라 할 수 있다. 이는 표상表象과 실상實像의 관계로 해석할 수 있다. 수학이라는 표상은 실제 세상의 모델링에 불과하니 수학에 너무 얽매이지 않고 실상을 알려고 노력하는 것이 좋은 태도라고 생각하면서 기계공학을 공부했고 금융공학에서 일을 했다.

하지만, 양자컴퓨터를 공부하면서 생각이 조금 바뀌었다. 상식을 바탕으로 하는 직관만으로 양자 물리의 현상을 이해하는 것은 불가능하다는 것을 깨달으면서 수학에 관한 생각도 바뀌었다. 수학을 모르는 길을 찾아 갈 때 사용하는 내비Navigation로 보는 것이 좋을 것 같다. 처음 가는 길에 내비를 사용하지 않는 것은 어리석은 짓이다. 물론, 내비만 보고 바깥은 한번도 보지 않는 것 또한 옳지 않다.

양자역학을 수학적으로 형식화하여 정리하는데 사용하는 수학은 함수해석학functional analysis이다. 이것은 무한 차원을 가지는 벡터 공간의 연산자에 관한 것이다. 다행히, 양자 컴퓨터에서 나오는 양자역학은 유한 차원의 벡터 공간이므로 함수해석학이 아닌 선형대수학linear algebra의 지식만 있으면 된다. 선형대수학은 고등학교 과정의 행렬과 벡터이며 이공계 학생들은 학부과정에서도 많이 접한다. 이 책에서는 선형대수학의 가장 간단한 개념만을 소개한다. 선형대수학에 대한 지식이 있는 독자들은 4.2절을 생략하고 4.3 브라-켓bra-ket 표기법부터 읽기를 권한다.

4.2 선형 대수학

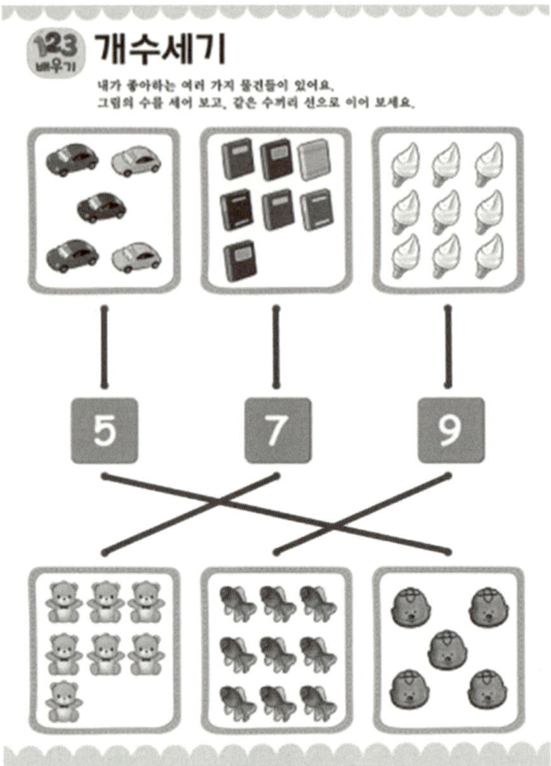

그림 4.1 수의 개념

수학에서 나오는 숫자의 개념은 물체를 세는 것에서 개념이 발달한 것이다. 한국어에 비하여 영어에서 단수, 복수에 따른 단어와 관사, 대명사가 더 발달한 걸로 보아서 서양의 인식론에 숫자의 개념이 더 많이 발달한 것으로 볼 수 있다. 한국어에서 복수를 지칭하는 “들”은 “너희들, 밥들은 먹었나?”와 같이 복수가 아닌 경우에도 사용한다. 잘 알려져 있지 않지만 피타고라스도 수비론數祕論, numerology에 심취한 걸로 봐서, 동서양 모두 숫자에 대하여 환상을 가지고 나름대로의 패턴에 의미를 부여하려고 노력했다.

물리량은 물리학에서 대상이 되는 것들이다. 그 중에서 좌표와 무관하게 하나의 숫자로 표현할 수 있는 양을 스칼라scalar라고 하며, 수학의 숫자와 달리 단위를 가진다. 즉, 단위의 몇 배인가를 표시하는 것이다. 요즘 건강에 대한 염려로 많은 관심을 가지는 BMI를 살펴보면, BMI는 몸무게 나누기 키의 제곱 값이며 19~25의 값이면 정상 체중이라고들 한다. 이는 엄밀하게 말하면 부족한 표현이다.

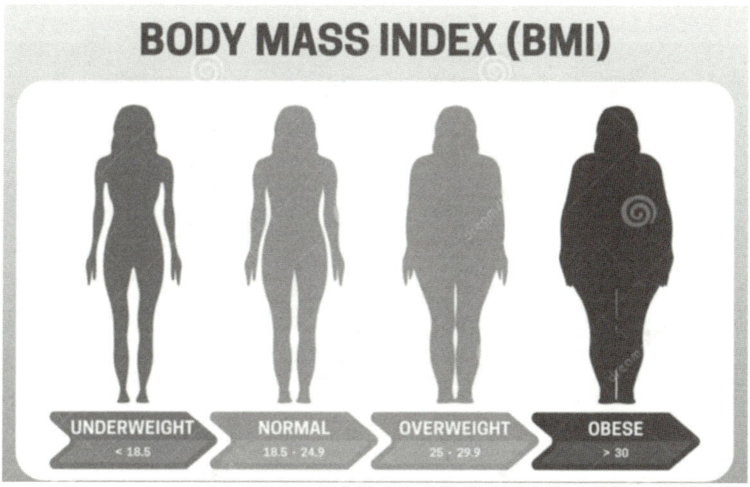

그림 4.2 스칼라의 보기

키	178cm	1.78m	1780mm
몸무게	80Kg	0.08ton	80000g
BMI	0.00252 Kg/cm^2	0.0252 ton/m^2	0.025 mm/g^2
		25 Kg/m^2	

그림 4.3 단위의 중요성

그림 4.3에서 보듯이, 키와 몸무게의 수치는 측정하는 단위에 따라서 다른 숫자 값이 나오며 따라서 BMI의 값이 달라진다. 정확하게 표현하면 키는 미터

로 표현하고, 몸무게는 Kg으로 표현해야 하는 것을 명기하여 BMI의 단위는 Kg/m^2임을 밝혀 두어야 한다.

현재 사용하는 컴퓨터에서 내부적으로 단위를 표기하는 것은 불가능하지는 않지만 많이 불편하여서, 숫자를 입력하는 박스 옆에 단위를 표기하여 사용자에게 도움을 주는 방식을 사용하고 있다. 그럼에도 불구하고 단위를 혼돈하여 숫자를 잘못 입력하여 대형 사고가 발생한 경우가 있다.[27]

그림 4.4 벡터의 보기

그림 4.4에서 서울과학종합대학원에서 국회의사당의 위치를 말할 때, 단지 5Km 떨어져 있다고 표현하면 정확하지 않다. 방향이 빠져 있기 때문이다. 7시 방향으로 5Km 떨어져 있다고 하여야 한다. 또는 다른 방법으로 위도와 경도의 2차원 좌표를 이용하여 정확한 위치를 표현할 수 있다. 이와 같이 크기와 방향

27 모 증권사에서 자사주에 대한 배당을 금액과 주식 수량을 혼돈한 경우와 미국 나사에서 국제 단위계인 미터법과 미국 단위법(야드, 파운드 등)의 혼돈으로 위성과 우주 왕복선이 폭발한 경우가 있다.

을 가지는 물리량을 벡터vector라고 한다. 이러한 벡터는 그림 4.5와 4.6에서 보듯이, 벡터와 벡터의 합, 스칼라와 벡터의 곱을 정의할 수 있다. 그림 4.7은 벡터의 크기를 보여준다.

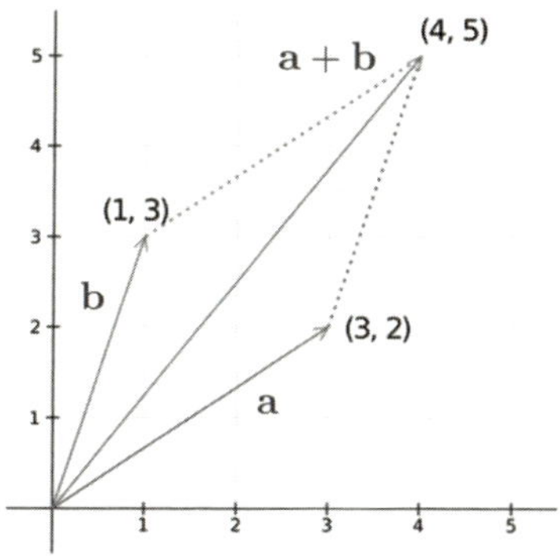

$$\mathbf{a} = (x_1, y_1)$$

$$\mathbf{b} = (x_2, y_2)$$

$$\mathbf{a} + \mathbf{b} = (x_1 + x_2, y_1 + y_2)$$

그림 4.5 벡터의 합

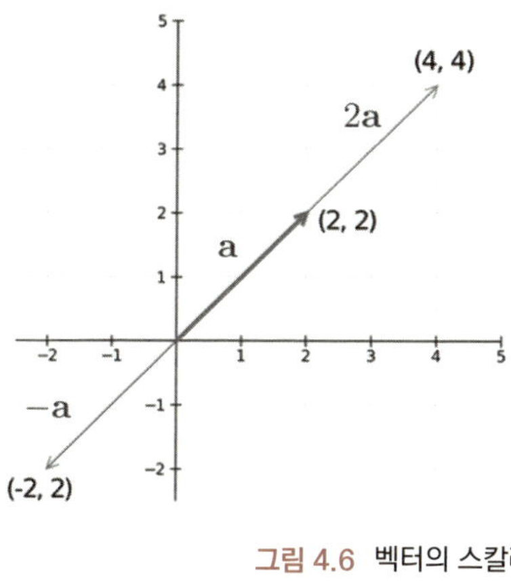

$$\mathbf{a} = (x, y)$$

$$\alpha\mathbf{a} = (\alpha x, \alpha y)$$

그림 4.6 벡터의 스칼라 곱

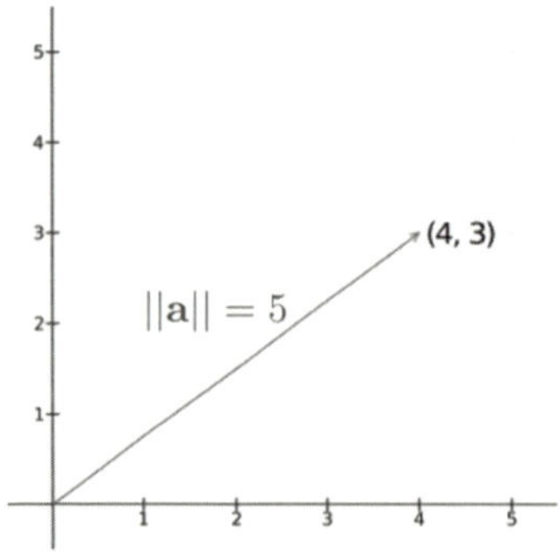

$$\mathbf{a} = (x, y)$$
$$||\mathbf{a}|| = \sqrt{x^2 + y^2}$$

그림 4.7 벡터의 크기

그림 4.5, 4.6, 4.7의 왼편은 기하geometry의 입장에서 벡터를 보여주는 것이고 오른편은 대수algebra의 입장에서 벡터를 설명하는 것이다. 데카르트 이전에는 기하와 대수가 서로 다른 과목이었는데, 데카르트가 꿈에서 봤다고 하는 좌표[28]를 도입하면서 기하와 대수가 합쳐진 해석 기하학analytic geometry이 탄생했다. 컴퓨터를 이용하여 벡터를 다루는 경우 좌표 값만을 저장하는 대수적인 방식이 더 유리하다. 시각적인 설명이 필요한 경우 기하학적인 표현이 더 직관적이다.

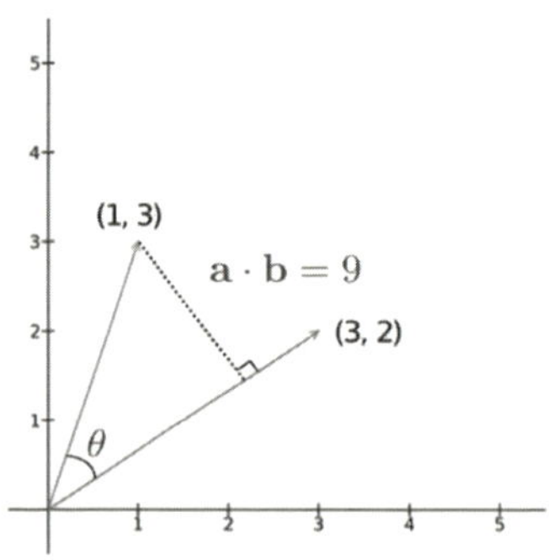

$$\mathbf{a} = (x_1, y_1)$$
$$\mathbf{b} = (x_2, y_2)$$
$$\mathbf{a} \cdot \mathbf{b} = ||\mathbf{a}|| \cdot ||\mathbf{b}|| \cos\theta = x_1x_2 + y_1y_2$$
$$\cos\theta = \frac{\mathbf{a} \cdot \mathbf{b}}{||\mathbf{a}||||\mathbf{b}||}$$
$$\mathbf{a} \cdot \mathbf{b} = 0 \quad \Rightarrow \quad \theta = 90^\circ$$

orthogonal

그림 4.8 벡터의 내적

28 영어로 Cartesian coordinate라고 한다. 데카르트의 라틴어 이름 Cartesius에서 유래된 것이다.

그림 4.8은 두 개의 벡터의 내적inner product를 의미한다. 한 벡터의 다른 벡터에 대한 사영의 크기를 나타내는 데에 유용하게 사용한다. 그리고, 서로 직교하는 두 벡터는 내적이 영이 된다. 역 또한 성립하여 내적이 영이 되는 두 벡터는 서로 직교한다. 기하학적으로 시각화하기 어려운 벡터의 경우, 대수적인 계산으로 내적이 영이 되면 서로 직교하는 이미지를 가지고 있으면 많은 도움이 된다.

$$A = \begin{pmatrix} a_{11} & a_{12} \\ a_{21} & a_{22} \end{pmatrix} \qquad B = \begin{pmatrix} b_{11} & b_{12} \\ b_{21} & b_{22} \end{pmatrix}$$

$$\alpha A + \beta B = \begin{pmatrix} \alpha a_{11} + \beta b_{11} & \alpha a_{12} + \beta b_{12} \\ \alpha a_{21} + \beta b_{21} & \alpha a_{22} + \beta b_{22} \end{pmatrix}$$

그림 4.9 행렬의 보기

다음은 행렬matrix이다. 벡터는 숫자의 1차원으로 배열한 것이라면 행렬은 숫자를 2차원 평면에 배열한 것이다. 흔히 사용하는 엑셀 시트에서 숫자들의 테이블이나 자료 과학data science에서 많이 사용하는 컴퓨터 자료형인 데이터 프레임data frame 또한 숫자들을 2차원으로 나타낸 것이다. 많은 숫자들을 1차원으로 나타내기에는 1차원의 구조가 너무 약하고, 3차원으로 나타내기에는 시각화가 어려워서 2차원이 가장 적당하다. 일반적으로 행의 갯수가 m이고 열의 갯수가 n인 m × n 행렬을 생각할 수 있지만, 이 책에서는 가장 간단한 2 × 2 행렬만을 주로 다룬다.

$$A = \begin{pmatrix} a_{11} & a_{12} \\ a_{21} & a_{22} \end{pmatrix} \qquad B = \begin{pmatrix} b_{11} & b_{12} \\ b_{21} & b_{22} \end{pmatrix}$$

$$AB = \begin{pmatrix} a_{11}b_{11} + a_{12}b_{21} & a_{11}b_{12} + a_{12}b_{22} \\ a_{21}b_{11} + a_{22}b_{21} & a_{21}b_{12} + a_{22}b_{22} \end{pmatrix}$$

그림 4.10 행렬 곱의 정의

$$A = \begin{pmatrix} 1 & 0 \\ 0 & 2 \end{pmatrix} \quad B = \begin{pmatrix} 0 & 1 \\ 1 & 0 \end{pmatrix}$$

$$AB = \begin{pmatrix} 1 & 0 \\ 0 & 2 \end{pmatrix}\begin{pmatrix} 0 & 1 \\ 1 & 0 \end{pmatrix} = \begin{pmatrix} 0 & 1 \\ 2 & 0 \end{pmatrix}$$

$$BA = \begin{pmatrix} 0 & 1 \\ 1 & 0 \end{pmatrix}\begin{pmatrix} 1 & 0 \\ 0 & 2 \end{pmatrix} = \begin{pmatrix} 0 & 2 \\ 1 & 0 \end{pmatrix}$$

$$AB \neq BA$$

그림 4.10a 행렬 곱의 교환법칙

그림 4.9에서 행렬의 덧셈과 스칼라 곱을 정의한다. 이러한 정의는 벡터의 경우에서 유추할 수 있기에 자연스럽다. 그림 4.10에서 행렬의 곱을 정의한다. 일반적으로 정의는 단순하여야 하는데 행렬 곱의 정의는 다소 복잡하고 동기를 알 수 없어서 당혹스럽기까지 하다. 하지만, 이렇게 정의한 행렬 곱이 뒤에서 설명하게 될 선형 연산자와 일관성을 가지며 매우 편하게 응용할 수 있다. 그리고, 행렬의 곱은 일반 숫자의 곱셈과 다르게 교환법칙이 성립하지 않는 것에 주의해야 한다.

열벡터 행벡터

$$A = \begin{pmatrix} a_{11} & a_{12} \\ a_{21} & a_{22} \end{pmatrix} \qquad \mathbf{u} = \begin{pmatrix} u_1 \\ u_2 \end{pmatrix} \qquad \mathbf{v} = \begin{pmatrix} v_1 & v_2 \end{pmatrix}$$

$$A\mathbf{u} = \begin{pmatrix} a_{11}u_1 + a_{12}u_2 \\ a_{21}u_1 + a_{22}u_2 \end{pmatrix}$$

$$\mathbf{v}A = \begin{pmatrix} a_{11}v_1 + a_{21}v_2 & a_{12}v_1 + a_{22}v_2 \end{pmatrix}$$

그림 4.11 행렬과 벡터의 곱

앞에서 정의한 행렬의 곱을 이용하여 행렬과 벡터의 곱을 정의할 수 있다. 행렬 곱의 성질로 인하여 2차원 벡터를 1 × 2인 열 벡터column vector와 2 × 1인 행 벡터row vector로 표기하고, 벡터가 행렬의 오른쪽에 나타나는 경우에는 열 벡터를 사용하고, 왼쪽에 나타나는 경우에는 행 벡터를 사용하는 것에 주의해야 한다.

사과의 경우 $\mathbf{a} = \mathbf{g}$

종이의 경우

$$\begin{aligned} \mathbf{a} &= T\mathbf{g} \\ &= \begin{pmatrix} T_{11} & T_{12} \\ T_{21} & T_{22} \end{pmatrix} \begin{pmatrix} 0 \\ g_2 \end{pmatrix} \\ &= \begin{pmatrix} T_{12}\, g_2 \\ T_{22}\, g_2 \end{pmatrix} \end{aligned}$$

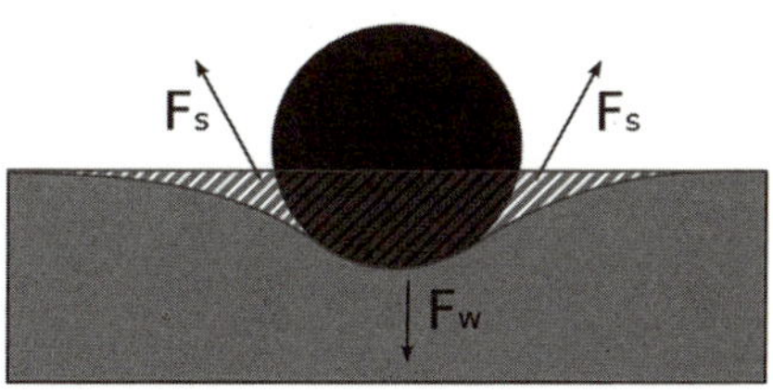

그림 4.12 텐서

다음으로 고려하는 물리량은 텐서tensor이다. 구글의 인공지능 플랫폼 텐서 플로우tensorflow로 인하여 텐서라는 단어가 많이 알려지게 되었지만, 사실 개념이 쉬운 물리 용어는 아니다. 텐서는 라틴어 tensus에서 유래하여 장력tension을 나타내다가 의미가 확장된 것이다.

뉴턴이 사과가 떨어 지는 것을 보고 만유인력을 발견했다고 전해진다. 이때에 사과의 운동 방향과 중력의 방향은 일치한다. 그러나, 얇은 종이가 떨어지는 것을 상상해보면, 종이는 중력 방향의 운동뿐만 아니라 중력의 수직인 방향인 옆으로도 왔다 갔다 하다가 떨어진다. 이를 보고 아리스토텔레스는 무거운 물체가 가벼운 물체보다 먼저 떨어진다고 결론짓고 떨어지는 속도를 결정하는 것은 물체의 고유 속성이라고 했다. 오늘날에는 공기의 존재를 알고 있고, 물체가 움직임에 따라서 생성되는 공기 유동에 의한 저항으로 이러한 현상이 발생하는 것을 알고 있다. 그런데, 공기의 유동 현상은 한참 후에 발견된 것이다.

공기의 운동에 대한 인식이 없는 시기에는 종이가 중력 방향에 수직으로 움직이는 현상을 종이의 고유 속성으로 설명했다. 즉, 종이의 질량에는 중력 방향과 다른 방향으로 힘을 전달하는 속성을 가지고 이를 텐서라고 하였다. 표면 장력에서도 수직 방향의 힘이 표면의 변형으로 다른 방향의 힘으로 바뀌는 현상과 같은 것이다. 이를 행렬로 표현하면 그림 4.12와 같다. 쉽게 생각하면 텐서의 좌표 표현법이 행렬이 되는 것이다.

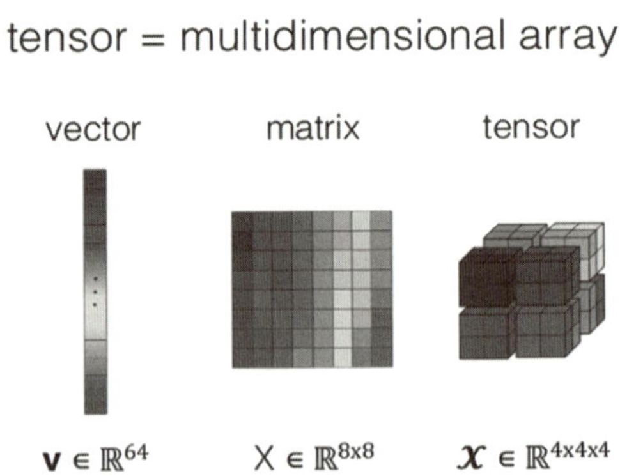

그림 4.13 컴퓨터 용어에서 텐서

다소 어려운 개념에서 나온 텐서라는 단어는 요즘 컴퓨터 공학에서 자주 사용하는 것을 볼 수 있다. 컴퓨터의 메모리는 기본적으로 배열array이다. 같은 것이 계속 나열된 것을 배열이라고 한다. 하드웨어 상의 메모리는 1차원 배열이지만, 소프트웨어를 이용하여 2차원 배열, 3차원 배열을 만들어서 사용할 수 있다. 최근에는 1차원 배열을 벡터, 2차원 배열을 행렬, 3차원 이상의 배열을 텐서라고 간단하게 부른다. 저자가 컴퓨터에 입문했던 80년대와 90년대에는 "2차원 배열"과 같이 긴 이름을 사용했었다. 참고로 구글의 텐서플로우는 빅데이터를 가진 텐서가 적절한 연산을 통하여 그래프 상을 흘러가면서 인간에게 유용한 데이터로 최종적으로 변화하는 플랫폼이라는 뉘앙스를 가지는 이름이다.

V: Vector Space

$$\mathbf{u}, \mathbf{v} \in V \Rightarrow \alpha\,\mathbf{u} + \beta\,\mathbf{v} \in V$$

$\alpha\,\mathbf{u} + \beta\,\mathbf{v}$: Linear combination

그림 4.14 벡터 공간

지금까지는 고등학교 과정의 벡터와 행렬에 관한 내용이다. 벡터가 기하학적으로 화살표로 표시되는 나름 구체적인 객체를 가진다. 그러나, 대학 과정에서의 선형 대수학은 추상적으로 바뀐다. 특정한 대수적인 조건을 만족하는 임의의 추상적인 객체도 벡터 공간을 형성하며 벡터가 가지는 성질을 가지게 된다. 구체적인 조건을 모두 언급하는 것은 이 책의 범위를 벗어나고 추상 수학에 익숙하지 않은 독자들이 혼돈할 우려가 있기 때문에, 여기에서는 그림 4.14과 같이 집합의 원소 두 개를 선택할 때, 이들의 선형 결합linear combination이 다시 집합에 포함될 때 이러한 집합을 벡터 공간이라고 하겠다.[29] 여기에서 스칼라

29 엄밀하게는 벡터 부분 공간의 정의이다.

를 정의해야 하고 스칼라의 곱이 집합에 포함되고 집합의 원소 사이의 덧셈이 집합에 속하는 것을 모두 보여야 한다. 이러한 조건을 만족하면 앞에서 화살표로 그린 벡터와 같은 성질을 가지는 것으로 해석하여도 상관이 없다.

$$\mathbf{u} = (u_1, \cdots, u_i, \cdots, u_N)$$

$$\mathbf{v} = (v_1, \cdots, v_i, \cdots, v_N)$$

$$\alpha\mathbf{u} + \beta\mathbf{v} = (\alpha u_1 + \beta v_1, \cdots, \alpha u_i + \beta v_i, \cdots, \alpha u_N + \beta v_N)$$

참고: 행렬도 벡터로 볼 수 있음.

그림 4.15 N차원 공간

대표적으로 N차원 공간의 좌표계로 이루어진 벡터이다. N 차원을 시각화하기 어렵지만, 2차원이 두개의 좌표, 3차원이 세개의 좌표로 구성되는 것을 확장하면 N 차원은 N의 좌표로 형성될 것이다. 2차원 벡터의 연산 규칙을 자연스럽게 확장하면 그림 4.15와 같이 정의할 수 있으며, N차원의 두 원소의 선형 결합은 다시 N차원의 좌표가 되어서 벡터 공간을 형성하는 것을 알 수 있다.

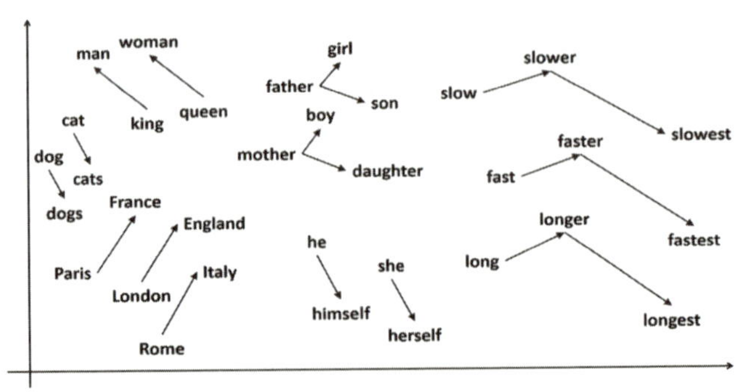

king − man + woman = queen

그림 4.16 word2vec

좀 더 추상적이며 실용적인 것으로 word2vec이 있다. 이는 단어의 집합을 벡터 공간으로 만든 것이다. 단어를 각각 N차원 좌표에 끼워 넣으면, N차원의 좌표의 덧셈을 사용하면 벡터 공간을 만들 수는 있다. 이렇게 임의로 끼워 넣기로 만든 단어들이 구성하는 벡터 공간은 실제로 별 쓸모가 없다. Word2vec에서는 한 문장에서 같이 나타나는 빈도에 따라서 N차원 벡터에서의 거리를 최대한 보존하는 방식으로 끼워 넣기를 한 것이다. 즉, 한 문장에 같이 사용되는 빈도가 높으면, N 차원 공간에서의 거리가 가깝고, 반대인 경우에는 거리가 멀도록 하는 것이다. 이런 결과로 N 차원의 연산을 이용하여 "king − man + woman"을 계산하면 "queen"이 나온다. 이는 일반적으로 생각하는 단어의 의미론과 부합하는 결과이다. 단어를 N차원의 벡터를 만들면, 단어들 사이의 거리를 N차원 벡터 간의 거리로 정의할 수 있다. 그러므로, 비지도 학습 unsupervised learning의 대표적인 방법인 분류classification 작업이 용이하게 된다.

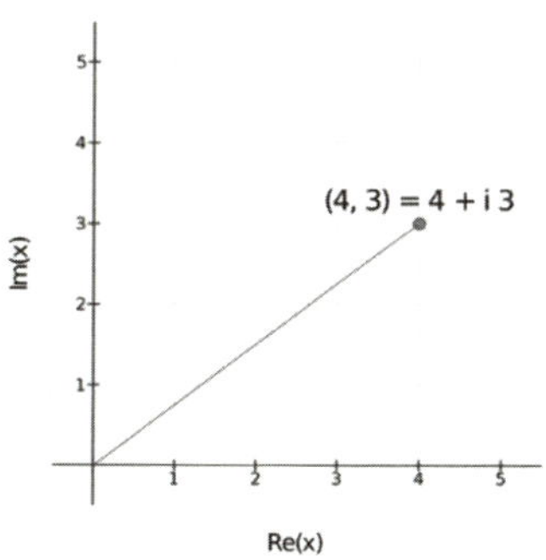

$$i^2 = -1 \quad \text{imaginary number}$$

$$z_1 = x_1 + iy_1$$

$$z_2 = x_2 + iy_2$$

$$\alpha z_1 + \beta z_2 = (\alpha x_1 + \beta x_2) + i(\alpha y_1 + \beta y_2)$$

$$z_1 z_2 = (x_1 x_2 - y_1 y_2) + i(x_1 y_2 + x_2 y_1)$$

$$\frac{z_1}{z_2} = \left(\frac{x_1 x_2 + y_1 y_2}{x_2^2 + y_2^2}\right) + i\left(\frac{-x_1 y_2 + x_2 y_1}{x_2^2 + y_2^2}\right)$$

그림 4.17 복소수

이공계에서 편리하게 많이 사용하는 복소수complex number 또한 벡터가 된다. 복소수는 덧셈 뿐만 아니라 곱셈과 나눗셈을 정의할 수 있기 때문에 벡터 공간 보다 더 좋은 성질을 가지는 체體, field[30]가 된다. 그림 4.17에서 복소수 연

30 같은 영어 단어인 "field"가 물리학에서는 "장"으로, 수학에서는 "체"로 번역한다.

산에 관한 정의를 보여준다.

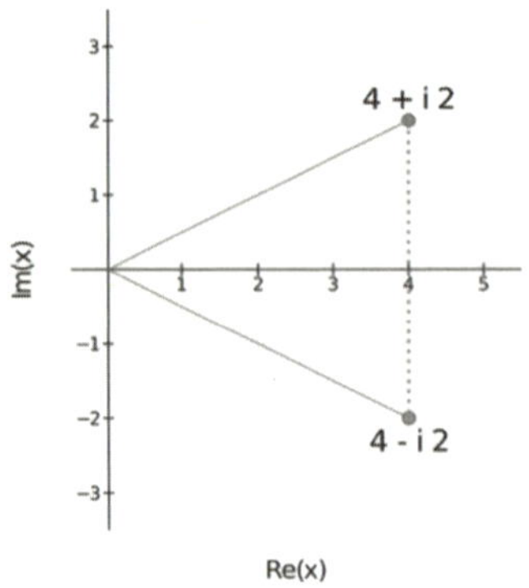

$$z = x + iy$$
$$\bar{z} = x - iy$$
$$|z|^2 = z\bar{z}$$
$$\langle z_1, z_2 \rangle = z_1\bar{z}_2 = x_1x_2 + y_1y_2$$

그림 4.18 켤레 복소수

복소수는 실수부와 허수부로 구분을 하는데, 실수부가 같고 허수부의 부호가 반대인 것을 켤레[31] 복소수라고 한다. 벡터의 크기와 내적을 켤레 복소수를 사용하면 간단하게 나타낼 수 있다.(그림 4.18)

$$x + 1 = 0 \implies x: \text{ negative integer}$$
$$2x + 3 = 0 \implies x: \text{ rational number}$$
$$x^2 - 2 = 0 \implies x: \text{ irrational number}$$
$$x^2 + 1 = 0 \implies x: \text{ imaginary number}$$

Quaternion(사원수, Hamilton number)

Octonion(팔원수, Cayley number)

그림 4.18a 수의 발견

대수학에서는 수의 발명/발견 과정을 대수 방정식의 해를 구하는 과정으로 설명을 한다. 현재 사용하는 수 체계에서 특정 방정식의 해가 없는 경우에, 이런 해를 추가하여 수 체계를 넓혀 간 것으로 이해할 수 있다. 이런 방식의 설명

31 신발 한 "켤레", 두 "켤레"와 같이 사용하는 순 우리말이다. 짝을 이룬다는 의미이다.

이 매우 추상적으로 들리겠지만, 음수가 처음 도입되었을 때 음수 곱하기 음수가 양수가 된다는 것에 거부감을 느끼며 많은 사람들이 반대한 것을 고려하면 숫자라는 것 자체가 매우 추상적인 것이다. 그리고, 위의 방식으로 새로운 수 체계를 개발하는 데에 도움이 될 것이다. 그러나, 가우스가 복소수에서 모든 대수 방정식이 복소수의 근을 가진다는 것을 증명하여 이런 방법으로는 더 이상 수 체계를 넓힐 수 없다는 것 또한 알게 되었다.

rational number/irrational number를 유리수有理數/무리수無理數로 번역하여 현재 계속 사용하고 있지만 이것은 처음에 번역을 잘못한 것이다. 그리스 단어 logos에는 판단하는 기준, 이성을 의미하지만, 숫자의 비율을 나타내기도 한다. 피타고라스가 무리수를 발견했지만 공개하지 않았듯이 세상은 모두 비율로 이루어지며, 피타고라스 오음계가 하모니를 이루는 좋은 비율이라고 생각했다. 이러한 영향으로 중세의 유럽에서는 비율을 가지는 것이 합리적이며, 합리적인 것은 비율을 가지는 것으로 생각하였다. 즉, 영어 단어 rational은 "합리적"이란 뜻과 "비율이 있는" 뜻을 모두 가진다. 그러므로, rational number/irrational number는 비율을 강조하여 유비수有比數/무비수無比數로 번역하는 것이 더 적합했다.

가끔 복소수를 전기 회로에서 발견할 수 있다고 언급하는 책을 가끔 볼 수 있는데, 전기 회로를 구성하는 미분 방정식을 풀이할 때 실수만을 이용하는 것보다 복소수를 이용하는 것이 계산량을 줄이며 매우 간략하게 해를 구할 수 있다. 이것만으로는 복소수의 존재를 증명하는 것은 아니다. 관측할 수 있는 전류의 실수부와 허수부를 구별하여서 측정할 수 있어야 할 것이다.

이차원 숫자인 복소수의 편리함에 영향을 받아서 해밀턴이 4차원 수, 케일리가 8차원 수를 발명하였다. 4차원 수는 벡터가 나오기 전에 많이 사용하였고, 앞 장에서 소개한 맥스웰 방정식 또한 처음에는 사원수를 사용하여 발표하였다. 오늘날에는 인공위성의 궤도 문제에서 사원수를 사용하기도 한다.

Linear Transformation

$$L(\alpha\mathbf{u} + \beta\mathbf{v}) = \alpha L(\mathbf{u}) + \beta L(\mathbf{v})$$

미분: $\frac{d}{dx}$

$$\frac{d}{dx}(\alpha f(x) + \beta g(x)) = \alpha\frac{d}{dx}f(x) + \beta\frac{d}{dx}g(x)$$

적분: $\int \cdot \, dx$

$$\int \alpha f(x) + \beta g(x)\, dx = \alpha\int f(x)\, dx + \beta\int g(x)\, dx$$

그림 4.19 선형변환

그림 4.19는 추상 벡터에 작용하는 선형 변환linear transformation의 정의이다. 일반적으로 편리하게 사용할 수 있는 간단한 공식으로 되어 있고 고등학교 과정에서 만났던 미분 연산자와 적분 연산자 또한 선형 변환의 일종이 된다. 선형 변환이 되는 것이 그렇지 않은 것에 비하여 다루기가 매우 편리하다.

$\{\mathbf{e}_1, \mathbf{e}_2\}$: orthonormal basis

$$||\mathbf{e}_1|| = ||\mathbf{e}_2|| = 1 \quad \text{and} \quad \langle\mathbf{e}_1, \mathbf{e}_2\rangle = \mathbf{e}_1 \cdot \mathbf{e}_2 = 0$$

$$\mathbf{u} = \alpha\mathbf{e}_1 + \beta\mathbf{e}_2 \qquad \alpha = \langle\mathbf{u}, \mathbf{e}_1\rangle, \quad \beta = \langle\mathbf{u}, \mathbf{e}_2\rangle$$

$$\mathbf{e}_1 = (1, 0), \mathbf{e}_2 = (0, 1) \quad \Rightarrow \quad \mathbf{u} = (\alpha, \beta)$$

$$\mathbf{e}_1 = \begin{pmatrix} 1 \\ 0 \end{pmatrix}, \quad \mathbf{e}_2 = \begin{pmatrix} 0 \\ 1 \end{pmatrix} \quad \Rightarrow \quad \mathbf{u} = \begin{pmatrix} \alpha \\ \beta \end{pmatrix}$$

그림 4.20 정규직교 기저

이제는 벡터 공간을 이루는 추상 벡터를 좌표로 표기하는 방법에 대하여 논의한다. 시각적으로 화살표로 표기했던 벡터는 데카르트 좌표계를 도입하여 좌표로 표기하였다. 이와 비슷하게, 벡터 공간에서 기저basis를 도입하여 좌표로 표기할 수 있다. 일반적으로 선형 독립인 두 벡터가 기저를 이루지만, 이 책에서는 보다 간략하게 정규 직교 기저orthonormal basis만을 언급한다.

정규 직교 기저는 두 개의 벡터의 크기는 1이고, 서로 직교하는 성질을 추가적으로 가지는 것이다. 특정 벡터를 이러한 두 개의 벡터의 조합으로 표현할 수 있고, 그 계수는 내적을 이용하면 구할 수 있다.(그림 4.20) 이렇게 구한 계수를 벡터의 좌표라고 한다. 벡터의 좌표에서 기저가 암묵적으로 결정되어 있는 것에 주의해야 한다. 이는 컴퓨터 통신의 프로토콜protocol과 비슷한 개념이다.

$$\mathbf{u} = \alpha_1\mathbf{e}_1 + \beta_1\mathbf{e}_2$$

$$\mathbf{v} = \alpha_2\mathbf{e}_1 + \beta_2\mathbf{e}_2$$

$$\begin{aligned}\langle \mathbf{u}, \mathbf{v} \rangle &= \langle \alpha_1\mathbf{e}_1 + \beta_1\mathbf{e}_2, \alpha_2\mathbf{e}_1 + \beta_2\mathbf{e}_2 \rangle \\ &= \alpha_1\alpha_2\langle \mathbf{e}_1, \mathbf{e}_1 \rangle + \alpha_1\beta_2\langle \mathbf{e}_1, \mathbf{e}_2 \rangle + \beta_1\alpha_2\langle \mathbf{e}_2, \mathbf{e}_1 \rangle + \beta_1\beta_2\langle \mathbf{e}_2, \mathbf{e}_2 \rangle \\ &= \alpha_1\alpha_2 + \beta_1\beta_2\end{aligned}$$

$$||\mathbf{u}||^2 = \alpha_1^2 + \beta_1^2$$

그림 4.21 정규직교 기저의 계산 보기

정규직교 기저를 이용하여 추상 벡터를 좌표로 표기하면, 벡터의 내적와 크기는 앞에서와 같은 공식을 이용할 수 있는 것을 알 수 있다.(그림 4.21) 벡터에 대하여 특별한 조건을 부과하지 않고 모든 추상 벡터에 대하여 같은 공식을 사용할 수 있다는 것은 매우 편리한 성질이다.

$$
\begin{aligned}
L(\mathbf{u}) &= \alpha L(\mathbf{e}_1) + \beta L(\mathbf{e}_2) \\
&= \alpha(L_{11}\mathbf{e}_1 + L_{21}\mathbf{e}_2) + \beta(L_{12}\mathbf{e}_1 + L_{22}\mathbf{e}_2) \\
&= \begin{pmatrix} \alpha L_{11} + \beta L_{12} \\ \alpha L_{21} + \beta L_{22} \end{pmatrix} \\
&= \begin{pmatrix} L_{11} & L_{12} \\ L_{21} & L_{22} \end{pmatrix} \begin{pmatrix} \alpha \\ \beta \end{pmatrix}
\end{aligned}
$$

$$
[L] = [L(\mathbf{e}_1)|L(\mathbf{e}_2)]
$$

그림 4.22 선형변환의 행렬 표기

그림 4.22는 선형 변환을 행렬로 표현하는 방법에 관한 설명이다. 정규 직교 기저를 선택한 후에, 선형 변환의 성질과 행렬 곱의 성질을 이용하면 임의의 벡터에 작용하는 선형 변환을 행렬과 벡터의 곱으로 나타낼 수 있다. 기저를 순서대로 선형 변환하여 나온 벡터를 행렬에 순서대로 열 벡터로 나타낸 것이 선형 변환의 행렬 표기라는 것에 주의해야 한다.

$$
D = \frac{d}{dx} \qquad \mathbf{e}_1 = \cos(x), \mathbf{e}_2 = \sin(x)
$$

$$
D\mathbf{e}_1 = \frac{d}{dx}\cos(x) = -\sin(x) = -\mathbf{e}_2
$$

$$
D\mathbf{e}_2 = \frac{d}{dx}\sin(x) = \cos(x) = \mathbf{e}_1
$$

$$
D = \begin{pmatrix} 0 & 1 \\ -1 & 0 \end{pmatrix}
$$

그림 4.23 미분 연산자

그림 4.23에서 선형 변환의 하나의 보기인 미분 연산자를 행렬로 표기한 것이다. 기저 벡터를 사인 함수와 코사인 함수로 잡고, 미분의 공식을 이용하면 추가적인 다른 함수가 나오지 않는다. 결국, 이러한 기저에서 미분 연산자의 행렬은 2×2 행렬로 주어진다.

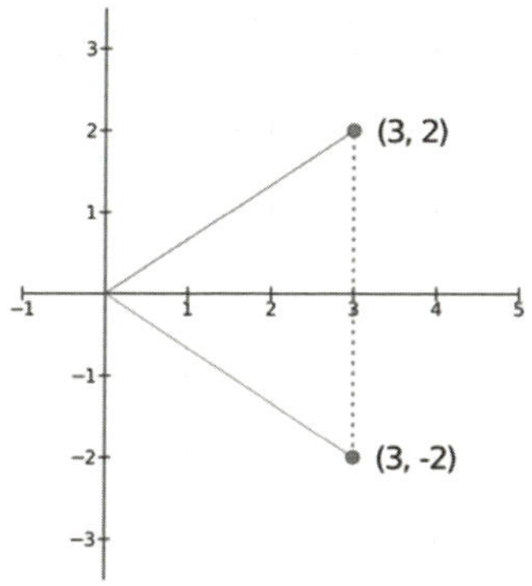

$$R_x(\mathbf{e}_x) = \mathbf{e}_x = \begin{pmatrix} 1 \\ 0 \end{pmatrix}$$

$$R_x(\mathbf{e}_y) = -\mathbf{e}_y = \begin{pmatrix} 0 \\ -1 \end{pmatrix}$$

$$R_x = \begin{pmatrix} 1 & 0 \\ 0 & -1 \end{pmatrix}$$

그림 4.24 X축 대칭 변환

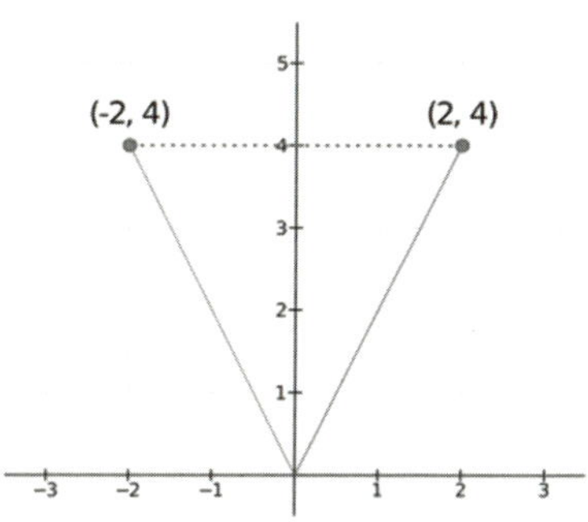

$$R_y(\mathbf{e}_x) = -\mathbf{e}_x = \begin{pmatrix} -1 \\ 0 \end{pmatrix}$$

$$R_y(\mathbf{e}_y) = \mathbf{e}_y = \begin{pmatrix} 0 \\ 1 \end{pmatrix}$$

$$R_y = \begin{pmatrix} -1 & 0 \\ 0 & 1 \end{pmatrix}$$

그림 4.25 Y축 대칭 변환

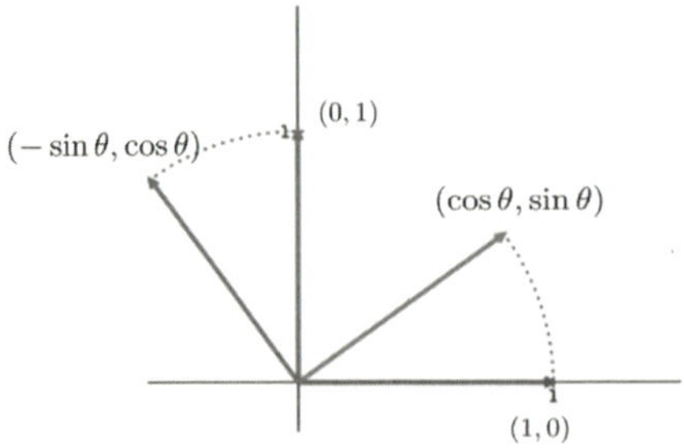

$$\begin{pmatrix} \cos\theta & -\sin\theta \\ \sin\theta & \cos\theta \end{pmatrix}$$

그림 4.26 회전 변환

다양한 선형 변환에 대하여 행렬 표기를 할 수 있지만, 그림 4.24, 4.25, 4.26은 각각 X축 대칭 변환, Y축 대칭 변환, 회전 변환을 행렬로 표기한 것이다. 데카르트 좌표계의 기저 벡터가 각각의 변환에서 어떻게 변환이 되는 지를 조사하면 쉽게 행렬로 표현할 수 있다. 그림 4.26에서는 추가적으로 사용한 사인 함수와 코사인 함수의 정의를 알아 두는 것이 유용하다.

$\{\mathbf{e}_1, \mathbf{e}_2\}$: orthonormal basis

$\{\mathbf{f}_1, \mathbf{f}_2\}$: another orthonormal basis

Assume $\mathbf{f} = O\mathbf{e}$

$$\mathbf{f}_1 = O_{11}\mathbf{e}_1 + O_{12}\mathbf{e}_2$$

$$\mathbf{f}_2 = O_{21}\mathbf{e}_1 + O_{22}\mathbf{e}_2$$

Note that

$$||\mathbf{f}_1||^2 = O_{11}^2 + O_{12}^2 = 1$$

$$||\mathbf{f}_2||^2 = O_{21}^2 + O_{22}^2 = 1$$

$$\langle \mathbf{f}_1, \mathbf{f}_2 \rangle = O_{11}O_{21} + O_{12}O_{22} = 0$$

그림 4.27 정규 직교 좌표 변환

벡터 공간에서 정규 직교 벡터를 잡는 것은 임의적이며 유일하지 않다. 즉, 다른 정규 직교 벡터가 많이 존재하며, 이들 중에서 특별한 정규 직교 벡터라는 것은 없다. 그래서, 서로 다른 정규 직교 벡터간의 변환 규칙을 찾아서 좌표의 변환 규칙을 얻어야 한다.

그림 4.27에서 서로 다른 두 개의 정규 직교 기저가 있는 경우에, 좌표 간의 변환이 만족해야 하는 공식을 얻는다. 이러한 변환을 행렬로 표현하면 직교 행렬orthogonal matrix가 된다.(그림 4.28) 행렬이 주어질 때, 곱해서 단위 행렬identity matrix가 되는 행렬을 역 행렬inverse matrix이라고 하고, 행과 열을 대각선으로 교환한 것을 전치 행렬transpose matrix이라 한다. 직교 행렬의 경우에는 전치 행렬이 역 행렬이 되는 매우 편리한 성질을 가진다.

$$
\begin{aligned}
OO^T &= \begin{pmatrix} O_{11} & O_{12} \\ O_{21} & O_{22} \end{pmatrix} \begin{pmatrix} O_{11} & O_{21} \\ O_{12} & O_{22} \end{pmatrix} \\
&= \begin{pmatrix} O_{11}^2 + O_{12}^2 & O_{11}O_{21} + O_{12}O_{22} \\ O_{21}O_{11} + O_{22}O_{12} & O_{21}^2 + O_{22}^2 \end{pmatrix} \\
&= \begin{pmatrix} 1 & 0 \\ 0 & 1 \end{pmatrix} = I
\end{aligned}
$$

orthogonal matrix $\quad \mathbf{f} = O\mathbf{e} \quad \Rightarrow \quad \mathbf{e} = O^T\mathbf{f}$

그림 4.28 직교 행렬

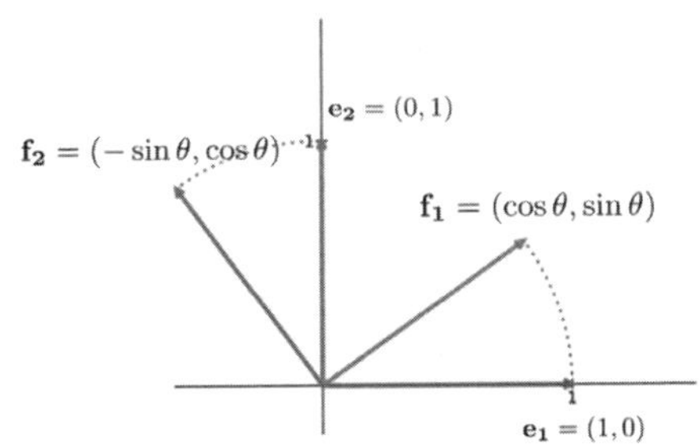

$$O = \begin{pmatrix} \cos\theta & \sin\theta \\ -\sin\theta & \cos\theta \end{pmatrix}$$

그림 4.29 회전 좌표 변환

그림 4.29는 축을 회전하는 경우에 좌표 변환을 나타낸다. 결과가 그림 4.26과 반대임에 주의해야 한다. 이는 한 점을 기준으로 축이 회전하여 다가가는 경우가 점이 반대 방향으로 회전하여 축으로 다가가는 것과 같기 때문이다.

4.3 브라-켓 표기

$\langle\ ,\ \rangle$: bracket

$\langle u|$: bra vector

$|u\rangle$: ket vector

디락: 유명해지기 싫어하는 유명한 사람

그림 4.30 디락과 브라-켓 벡터

양자 역학에서는 상태를 나타내는 상태 벡터를 디락Dirac, 1902년~1984년이 고안한 브라-켓 벡터를 사용한다. 브라켓은 현재 아마존의 양자 컴퓨터 플랫폼의 이름이기도 하다. 디락은 브라-켓 표기법 외에도, 슈뢰딩거 방정식과 특수 상대성 이론을 결합한 디락 방정식을 개발하여 양전자의 존재를 예측한다. 이 공계에서 편리하게 사용하는 매우 특이한 함수인 디락 델타 함수를 만들었다. 이러한 공로로 1933년에 슈뢰딩거와 함께 노벨상을 수상한다. 워낙 사람들 앞에 나서는 것을 싫어해서, 노벨상 수상이 결정되자 아인슈타인에게 연락해서 노벨상을 수상하면 유명해질 거 같아서 수상을 거부해야겠다고 하자, 아인슈타인이 노벨상을 거부하면 더 유명해질 거라고 충고하여 마지 못해 수상을 하게 된다. 평소에도 말이 없고 유명해지기 싫어하는 걸로 유명하다. 그림 4.31은 벡터 내적과 행렬과 벡터 곱을 브라-켓 표기로 나타낸 것이다.

$$\langle u|v\rangle = \mathbf{u}\cdot\mathbf{v} = \langle \mathbf{u},\mathbf{v}\rangle = \mathbf{u}^T\mathbf{v}$$

$$\langle u|A|v\rangle = \langle \mathbf{u}, A\mathbf{v}\rangle = \mathbf{u}^T A\mathbf{v}$$

$$\langle u|A^T|v\rangle = \mathbf{u}^T A^T\mathbf{v} = (A\mathbf{u})^T\mathbf{v} = \langle A\mathbf{u},\mathbf{v}\rangle$$

그림 4.31 브라-켓 벡터의 표현

코펜하겐 해석을 수학적으로 형식화하는 첫 번째 공준postulation은 양자 상태quantum state가 벡터 공간을 이룬다는 가정이다. 그러면, 양자 상태의 선형 결합linear combination이 가능해지며 중첩superposition이 발생한다.

양자 상태는 벡터 공간을 형성한다.

양자 상태는 선형결합이 가능하다.

양자 상태는 중첩이 가능하다.

그림 4.32 상태 벡터

그림 4.33은 영의 실험에서의 광자의 경로를 나타낸 것이다. 이중 슬릿을 각각 통과하는 상태가 있으므로, 위의 경로로 가는 것을 상태 |0>, 아래 경로로 광자가 이동하는 것을 상태 |1>로 표기하면 양자 경로의 상태는 일반적으로 이들의 중첩으로 나타난다.

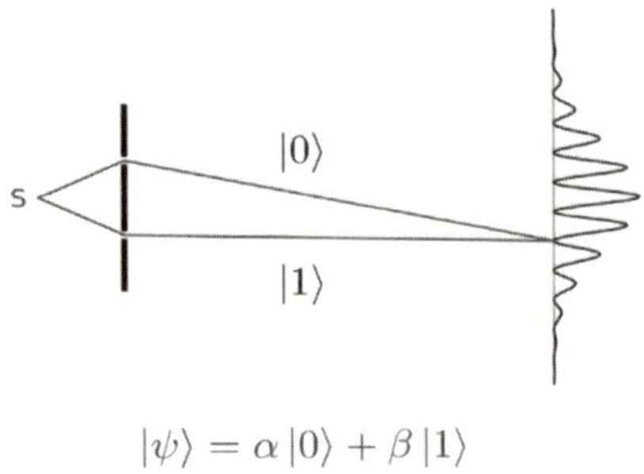

그림 4.33 양자 상태 - 광자의 경로

같은 양자 현상이 반투명 거울에서 나타난다. 반투명 거울을 투과하는 것과 반사하는 상태가 중첩된 것이 광자의 상태이다.(그림 4.34)

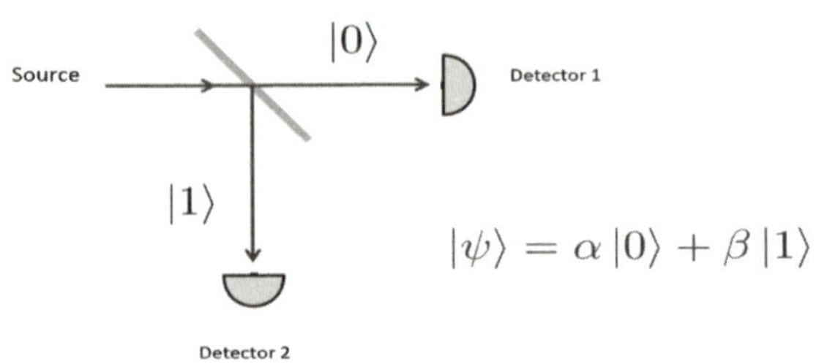

그림 4.34 양자 상태 - 반투명 거울의 투과와 반사

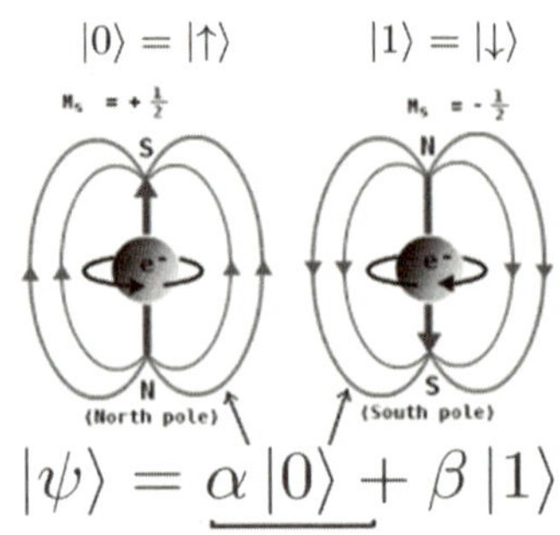

그림 4.35 양자 상태 - 전자의 스핀

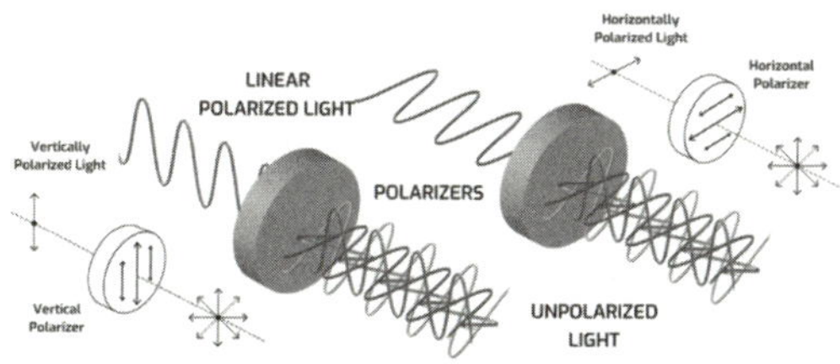

$|0\rangle = |\uparrow\rangle \qquad |1\rangle = |\rightarrow\rangle$

$$|\psi\rangle = \alpha\,|0\rangle + \beta\,|1\rangle$$

그림 4.36 양자 상태 – 광자의 편광

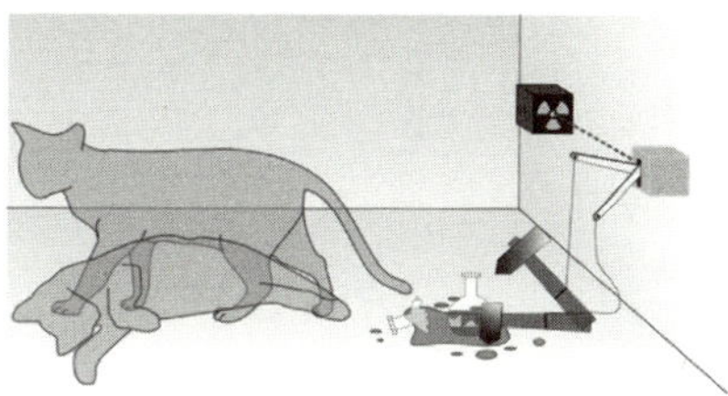

$|0\rangle = |生\rangle$

$|1\rangle = |死\rangle$

$$|\psi\rangle = \alpha\,|0\rangle + \beta\,|1\rangle$$

그림 4.37 양자 상태 – 슈뢰딩거 고양이

그림 4.35에서는 전자의 스핀 방향, 그림 4.36에서는 편광 상태, 그림 4.37에서는 슈뢰딩거 고양이의 생사를 상태 벡터의 중첩으로 나타낸 것이다. 이처럼 양자 상태는 상태 벡터가 되며 중첩이 가능하며 디락의 켓 벡터를 이용하여 표기할 수 있다. 일반적으로 양자역학에서 상태 벡터의 중첩을 나타내는 계수는 복소수이지만, 이 책에서는 간결성을 위하여 실수의 범위로 한정하여 논의한다.

Quantum state:

$$|\psi\rangle = \alpha\,|0\rangle + \beta\,|1\rangle$$

Probability of state $|0\rangle$:

$$||\,\langle 0|\psi\rangle\,||^2 = ||\alpha\,\langle 0|0\rangle + \beta\,\langle 0|1\rangle\,||^2 = |\alpha|^2$$

Probability of state $|1\rangle$:

$$||\,\langle 1|\psi\rangle\,||^2 = ||\alpha\,\langle 1|0\rangle + \beta\,\langle 1|1\rangle\,||^2 = |\beta|^2$$

Probability of all states:

$$||\psi||^2 = |\alpha|^2 + |\beta|^2 = 1$$

그림 4.38 관측 확률

그림 4.38은 코펜하겐 해석의 또 하나의 공준인 관측 확률에 관한 것이다. 관측하고자 하는 상태를 브라 벡터로 하여, 양자 상태와 내적을 하여 나온 값의 절대값을 제곱한 값이 브라 벡터를 관측하게 될 확률을 의미한다. 모든 상태를 관측할 확률은 1이 되는 것에 주의해야 한다. 그림 4.38에서 상태 |0>을 발견할 확률과 상태 |1>을 발견할 확률이 다른 것을 알 수 있다.

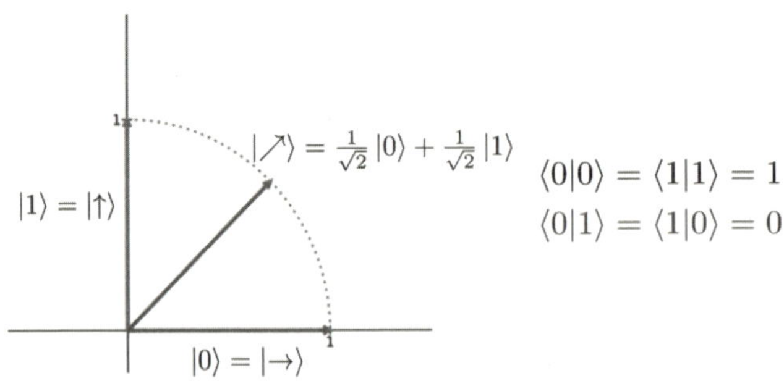

그림 4.39 편광 상태

여러 양자 상태 중에서 나름 이해하기 쉬운 것이 빛의 평광 상태이다. 앞으로 이에 대해서 자세한 논의를 하려고 한다. 편광 상태의 기저는 수평 편광과 수직 편광을 이용한다. 두 편광 상태는 직교하는 것을 그림 4.39에서 알 수 있다. 그리고, 45도 편광은 이러한 기저로 표현할 수 있다.

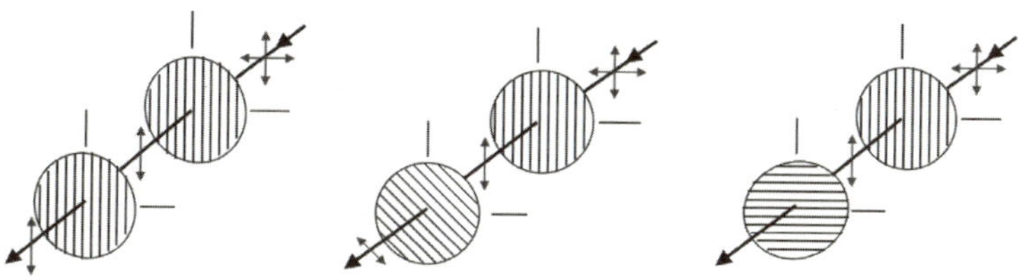

Input State: $|\psi\rangle = \alpha\,|0\rangle + \beta\,|1\rangle$

Vertical Polarizer: $|\psi\rangle \xrightarrow{V} |1\rangle$

Horizontal Polarizer: $|\psi\rangle \xrightarrow{H} |0\rangle$

그림 4.40 편광자

그림 4.40에서는 편광자를 표현한다. 중요한 편광자 두 개는 수직 편광자와 수평 편광자이다. 수직 편광자는 상태 |1>만을 수평 편광자는 상태 |0> 만을 통과 시킨다.

Vertical Polarizer V:

$$V\,|0\rangle = 0, \quad V\,|1\rangle = |1\rangle$$

Matrix form:

$$V = \begin{pmatrix} 0 & 0 \\ 0 & 1 \end{pmatrix}$$

bra-ket notation:

$$V = |1\rangle\langle 1|$$

Input state:

$$|\psi\rangle = \alpha\,|0\rangle + \beta\,|1\rangle$$

Measurement:

$$\begin{aligned}\langle 0|V|\psi\rangle &= \alpha\,\langle 0|V|0\rangle + \beta\,\langle 0|V|1\rangle \\ &= \alpha\,\langle 0|1\rangle\langle 1|0\rangle + \beta\,\langle 0|1\rangle\langle 1|1\rangle \\ &= 0\end{aligned}$$

$$\begin{aligned}\langle 1|V|\psi\rangle &= \alpha\,\langle 1|V|0\rangle + \beta\,\langle 1|V|1\rangle \\ &= \alpha\,\langle 1|1\rangle\langle 1|0\rangle + \beta\,\langle 1|1\rangle\langle 1|1\rangle \\ &= \beta\end{aligned}$$

그림 4.41 수직 편광자

그림 4.41은 수직 편광자에 대하여 행렬 형태와 브라-켓 표현을 나타냈다. 그리고, 수직 편광자를 통과한 후에 상태 |0>과 상태 |1>을 발견할 확률을 계산하였다. 상태 |0>을 발견할 확률은 0이 된다. 이는 수직을 이루는 두 편광 필름을 통과하는 빛이 없는 것과 일치한다.

45° Polarizer P:

$$P|0\rangle = |\nearrow\rangle = \frac{1}{\sqrt{2}}|0\rangle + \frac{1}{\sqrt{2}}|1\rangle, \quad P|1\rangle = |\nearrow\rangle$$

Matrix form:

$$P = \frac{1}{\sqrt{2}}\begin{pmatrix} 1 & 1 \\ 1 & 1 \end{pmatrix}$$

bra-ket notation:

$$P = \frac{1}{\sqrt{2}}\left(|0\rangle\langle 0| + |1\rangle\langle 0| + |0\rangle\langle 1| + |1\rangle\langle 1|\right)$$

Input state:

$$|\psi\rangle = \alpha|0\rangle + \beta|1\rangle$$

Measurement:

$$\begin{aligned}\langle 0|P|V|\psi\rangle &= \beta\langle 0|P|1\rangle \\ &= \frac{\beta}{\sqrt{2}}\langle 0|0\rangle + \frac{\beta}{\sqrt{2}}\langle 0|1\rangle \\ &= \frac{\beta}{\sqrt{2}}\end{aligned}$$

그림 4.42 45도 편광자

그림 4.42는 45도 편광자에 관한 것이다. 45도 편광자 또한 행렬 형태와 브라-켓 표기로 나타낼 수 있다. 오른편 계산에서, 초기에 중첩이 된 광자를 수직 편광자를 통과 시킨 후에 45도 편광자를 통과시키면, 앞에서와 달리 상태 |0>을 발견할 확률이 영이 아님을 계산할 수 있다. 코펜하겐 해석을 바탕으로 직관적으로 이해하는 것은 쉽지 않지만, 브라-켓 표기로 몇 가지 규칙을 이용하여 계산 하는 것은 상대적으로 쉽다.

Initial state

$$|\psi_0\rangle = \alpha_0 |0\rangle + \beta_0 |1\rangle$$

State at t

$$\begin{aligned}|\psi(t)\rangle &= \alpha(t)|0\rangle + \beta(t)|1\rangle \\ &= U(t)|\psi_0\rangle\end{aligned}$$

Conservation of probability:

$$\begin{aligned}\langle \psi(t) \,|\, \psi(t)\rangle &= 1 \\ &= \langle U(t)\psi_0 \,|\, U(t)\psi_0 \rangle \\ &= \langle \psi_0 \,| U^T(t) U(t) \psi_0 \rangle \\ &= \langle \psi_0 \,|\, \psi_0 \rangle\end{aligned}$$

$$U^T U = I \quad \Rightarrow \quad U : \text{orthogonal (unitary)}$$

$$U^{-1} = U^T \quad \Rightarrow \quad \text{time reversible}$$

그림 4.43 상태의 시간 진전

그림 4.43은 상태 벡터가 시간에 따라 진전time evolution하는 상황이다. 상태 벡터의 시간 거동의 완전한 모델은 슈뢰딩거 방정식이다. 이 책에서는 여기에 대한 상세한 내용은 다루지 않고, 시간에 따라서 상태가 진전하여도 모든 상태에서 발견될 확률은 여전히 1이 되어야 한다는 조건에서 일반적인 시간 진전 선형 변환연산자에 대하여 언급한다. 그림 4.43에서 유도했듯이 시간 진전 행렬은 직교 행렬이 되는 것을 알 수 있다.[32] 그리고, 직교 행렬은 역 행렬을 가지므로 시간에 따른 가역 변환임을 또한 알 수 있다. 결국, 가역 변환을 하는 양자 상태의 시간에 따른 변환은 직교 행렬로 표현된다는 것에 주의해야 한다.

32 이 책에서는 행렬이 실수인 것으로 한정하였다. 보다 일반적인 복소수 행렬이면 유니타리(unitary) 행렬을 얻는다.

analog

$$(\mathbf{x}_1, \mathbf{v}_1, \mathbf{x}_2, \mathbf{v}_2)$$

digital

0	0		0	1		1	0		1	1

그림 4.44 (고전) 입자가 두 개인 경우

지금까지 입자가 한 개인 경우에 대하여 논의를 하였다. 이제 입자가 두 개인 상태를 고려한다. 고전역학에서 입자의 상태는 위치와 속도로 완전히 결정되므로, 두 개의 입자는 위치를 나타내는 벡터 두 개와 속도를 나타내는 벡터 두 개, 총 벡터 4개로 결정된다. 이를 좌표로 표현하면 데카르트 곱으로 나타난다. 이러한 데카르트 곱은 추가적인 연산을 가지지 않는다. 디지털 표현에서도 비트를 추가하여 비트 두 개를 사용하고 각각의 상태가 0 또는 1을 가져서 총 4개의 상태가 가능하다.(그림 4.44)

두 양자 상태를 고려하면, 각각의 양자 상태가 상태 벡터의 중첩으로 나타나며 각각의 상태 벡터의 곱의 중첩으로 다시 표현할 수 있다. 여기에 사용하는 곱셈을 텐서 곱tensor product이라 한다. 텐서 곱은 데카르트 곱과 다르게 각 성분에 대하여 선형 변환의 성질을 가진다. 결국 텐서 곱은 다중 선형multilinear 변환이 된다. 그림 4.45에서 텐서 곱을 사용하여 양자 상태 두 개를 각각의 상태의 중첩으로 표시되는 것을 보였다. 텐서 곱의 성질에서 각 상태의 곱의 최종 계수들이 제곱의 합이 다시 1이 되는 성질을 가진다. 이는 양자 상태의 중첩이 가지는 기본 성질이다.

$$|\psi_1\rangle = \alpha_1 |0\rangle + \beta_1 |1\rangle, \quad |\psi_2\rangle = \alpha_2 |0\rangle + \beta_2 |1\rangle$$

$$\begin{aligned} |\psi_1\rangle \otimes |\psi_2\rangle &= |\psi_1\rangle |\psi_2\rangle = |\psi_1 \psi_2\rangle \\ &\stackrel{?}{=} \alpha_1\alpha_2 |0\rangle \otimes |0\rangle + \alpha_1\beta_2 |0\rangle \otimes |1\rangle + \beta_1\alpha_2 |1\rangle \otimes |0\rangle + \beta_1\beta_2 |1\rangle \otimes |1\rangle \\ &= \alpha_1\alpha_2 |00\rangle + \alpha_1\beta_2 |01\rangle + \beta_1\alpha_2 |10\rangle + \beta_1\beta_2 |11\rangle \end{aligned}$$

중첩의 원리

$$\begin{aligned} & |\alpha_1\alpha_2|^2 + |\alpha_1\beta_2|^2 + |\beta_1\alpha_2|^2 + |\beta_1\beta_2|^2 \\ =& |\alpha_1|^2(|\alpha_2|^2 + |\beta_2|^2) + |\beta_1|^2(|\alpha_2|^2 + |\beta_2|^2) \\ =& |\alpha_1|^2 + |\beta_1|^2 \\ =& 1 \end{aligned}$$

그림 4.45 양자 입자가 두 개인 경우

양자 상태를 조작하는 연산이 선형 변환이어야 한다는 조건에서 양자 복제 불가능 정리가 증명된다. 그림 4.46에서 임의의 상태를 복제하는 연산자가 존재한다면 중첩된 상태를 복제할 때 모순이 생기는 것을 볼 수 있다. 이러한 현상은 자유롭게 복사하여 사용하는 고전 비트와 다른 점이며 장단점을 모두 가진다.

Assume there exists quantum cloning operator U.

$$U |\psi\rangle \otimes |0\rangle = |\psi\rangle \otimes |\psi\rangle$$

Consider $\psi = \frac{1}{\sqrt{2}}(|0\rangle + |1\rangle)$

$$\begin{aligned} \text{LHS} &= \frac{1}{\sqrt{2}} U |00\rangle + \frac{1}{\sqrt{2}} U |10\rangle \\ &= \frac{1}{\sqrt{2}} |00\rangle + \frac{1}{\sqrt{2}} |11\rangle \end{aligned}$$

$$\text{RHS} = \frac{1}{2}(|00\rangle + \boxed{|10\rangle + |01\rangle} + |11\rangle)$$

contradiction

그림 4.46 양자 복제 불가능 정리

우선 단점으로는 양자 상태로 되어 있는 정보를 복사하여 저장할 수 없다. 그리고, 그림 2.10과 같이 오류 정정 코드를 위하여 정보를 단순 복사하여서 같은 정보를 여러 번 전달하는 방법 또한 사용할 수 없다. 장점으로는 양자 상태를 이용한 통신은 도청이 불가능해진다. 일반적으로 인터넷에서 도청을 하기 위해서는 전달되는 정보를 복사한 후에 원본은 수신자에게 보내고 복사본을 이용하여 정보를 해석한다. 그러나, 양자 상태는 복제가 불가능하므로, 전달되는 양자 상태를 직접 관측하여 값을 얻어야 한다. 양자 상태를 관측하면 파동 붕괴가 발생하여 양자 상태가 변화게 된다. 수신자가 아무것도 받지 못하면 도청이 있는 것을 알 수 있다. 그래서, 도청자는 원래 수신자에게 무엇이라도 보내야 하기 때문에 변환된 양자 상태라도 보내야 한다. 그러므로, 수신자는 적절한 알고리즘을 이용하여 양자 상태의 변화를 확인하여 도청의 유무를 결정할 수 있다.

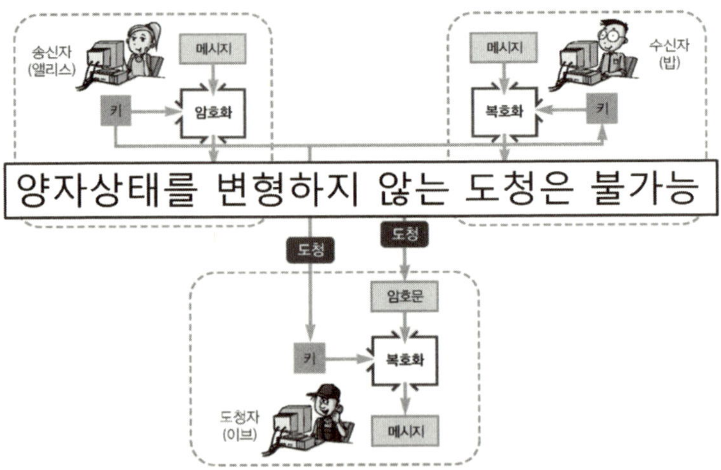

그림 4.47 양자 통신의 도청 불가능

앞에서 두 개의 입자가 가지는 양자 상태를 텐서 곱으로 표시할 수 있다고 하였다. 그런데, 두 개의 입자가 가지는 모든 양자 상태가 텐서 곱으로 표현이 되는 것은 아니다. 텐서 곱으로 표현할 수 있는 양자 상태를 곱 상태product state

라고 하고, 그렇지 않은 경우를 얽힌 상태entangled state라고 한다. 상식으로 이해하기 어려운 얽힘 현상이 브라-켓 표기법과 텐서 곱을 이용하면 간단하게 표현이 된다.

얽힘: 두 상태의 텐서곱으로 표현되지 않는 상태

$|\psi_1\rangle \otimes |\psi_2\rangle$: product state

otherwise : *entangled state*

그림 4.48 얽힘의 수학적 표현

Assume

$$\frac{1}{\sqrt{2}}|00\rangle + \frac{1}{\sqrt{2}}|11\rangle = (\alpha_1|0\rangle + \beta_1|1\rangle)(\alpha_2|0\rangle + \beta_2|1\rangle)$$

$$= \alpha_1\alpha_2|00\rangle + \alpha_1\beta_2|01\rangle + \beta_1\alpha_2|10\rangle + \beta_1\beta_2|11\rangle$$

Then

$$\boxed{\alpha_1\alpha_2 = \beta_1\beta_2 = \frac{1}{\sqrt{2}}} \text{ and } \boxed{\alpha_1\beta_2 = \beta_1\alpha_2 = 0}$$

영인 것이 존재

영인 것이 없음

Hence

$$\frac{1}{\sqrt{2}}|00\rangle + \frac{1}{\sqrt{2}}|11\rangle : \text{entangled}$$

그림 4.49 얽힌 상태의 증명

그림 4.49는 두 입자가 가지는 상태가 텐서 곱으로 나타나지 않는다는 것을 증명한 것이다. 일반적으로 그림 4.50과 같이 4개의 기본적인 얽힌 상태가 있고 이를 벨의 기저Bell's basis라고 하며 양자 컴퓨터에서 중요한 역할을 한다.

$$|\Psi^+\rangle = \frac{1}{\sqrt{2}}|00\rangle + \frac{1}{\sqrt{2}}|11\rangle$$
$$|\Psi^-\rangle = \frac{1}{\sqrt{2}}|00\rangle - \frac{1}{\sqrt{2}}|11\rangle$$
$$|\Phi^+\rangle = \frac{1}{\sqrt{2}}|01\rangle + \frac{1}{\sqrt{2}}|10\rangle$$
$$|\Phi^+\rangle = \frac{1}{\sqrt{2}}|01\rangle - \frac{1}{\sqrt{2}}|10\rangle$$

그림 4.50 벨의 기저

그림 4.51은 텐서 곱으로 표기된 기저를 사용하여 열 벡터의 좌표를 구성하는 방법에 관한 것이다. 기저의 텐서 곱으로 표현된 상태 벡터는 텐서 곱 공간의 자연스러운 기저가 된다. 여기에서 열 벡터의 좌표로 변환하기 위해서는 기저의 순서가 중요하다. 기저의 순서에 따라서 좌표는 다른 값을 가지며, 해석을 할 때 순서를 염두에 두어야 한다. 흔히 2진법의 숫자로 생각하여 오름차순으로 정렬하는 것이 일반적인 방식이다. 이런 규약에서는 가장 오른쪽 자리의 숫자가 먼저 변하게 된다. 다른 방식으로는 가장 왼쪽 자리의 숫자를 먼저 변경하면서 순서를 나열하는 방법이 있다. 이 책에서는 앞의 방식을 사용한다. 이러한 규약이 바뀌면, 뒤에 나오는 텐서 곱의 좌표 표기법이 모두 변경되는 것에 주의해야 한다. 그러므로, 다른 자료를 참고할 때 어떤 규약으로 기저 텐서의 순서를 정했는지 먼저 확인해야 한다.[33]

orthonormal basis:

$$\{|00\rangle, |01\rangle, |10\rangle, |11\rangle\}$$

$$|00\rangle = \begin{pmatrix} 1 \\ 0 \\ 0 \\ 0 \end{pmatrix} \quad |01\rangle = \begin{pmatrix} 0 \\ 1 \\ 0 \\ 0 \end{pmatrix} \quad |10\rangle = \begin{pmatrix} 0 \\ 0 \\ 1 \\ 0 \end{pmatrix} \quad |11\rangle = \begin{pmatrix} 0 \\ 0 \\ 0 \\ 1 \end{pmatrix}$$

그림 4.51 텐서 곱의 좌표 표기

33 고전 컴퓨터의 메모리를 차지하는 순서인 빅-엔디안(Big Endian)과 리틀-엔디안(Little Endian)과 비슷한 개념이다.

그림 4.51은 앞에서 설명한 기저 텐서의 순서 규약에 따라서, 기저 벡터를 나열하고 각각 좌표를 할당한 것이다. 이를 이용하면 그림 4.52에서 벡터의 텐서 곱에 대한 규칙을 얻을 수 있다. 켓 벡터 표기와 열 벡터 표기가 일치하는 것을 확인할 수 있다.

$$(\alpha_1 |0\rangle + \beta_1 |1\rangle) \otimes (\alpha_2 |0\rangle + \beta_2 |1\rangle)$$
$$= \alpha_1\alpha_2 |00\rangle + \alpha_1\beta_2 |01\rangle + \beta_1\alpha_2 |10\rangle + \beta_1\beta_2 |11\rangle$$

$$\begin{pmatrix} \alpha_1 \\ \beta_1 \end{pmatrix} \otimes \begin{pmatrix} \alpha_2 \\ \beta_2 \end{pmatrix} = \begin{pmatrix} \alpha_1 \begin{pmatrix} \alpha_2 \\ \beta_2 \end{pmatrix} \\ \beta_1 \begin{pmatrix} \alpha_2 \\ \beta_2 \end{pmatrix} \end{pmatrix} = \begin{pmatrix} \alpha_1\alpha_2 \\ \alpha_1\beta_2 \\ \beta_1\alpha_2 \\ \beta_2\alpha_2 \end{pmatrix}$$

그림 4.52 벡터의 텐서 곱

같은 방법을 행렬의 텐서 곱으로 확장할 수 있다. 그림 4.53이 결과이다. 조금 복잡해 보이지만, 규칙을 정확하게 익히면 복잡한 계산도 행렬의 곱셈을 이용하여 손쉽게 할 수 있는 장점이 있다.

$$A = \begin{pmatrix} a_{11} & a_{12} \\ a_{21} & a_{22} \end{pmatrix} \qquad B = \begin{pmatrix} b_{11} & b_{12} \\ b_{21} & b_{22} \end{pmatrix}$$

$$A \otimes B = \left(\begin{array}{c|c} a_{11}B & a_{12}B \\ \hline a_{21}B & a_{22}B \end{array}\right)$$

$$= \left(\begin{array}{c|c} a_{11}\begin{pmatrix} b_{11} & b_{12} \\ b_{21} & b_{22} \end{pmatrix} & a_{12}\begin{pmatrix} b_{11} & b_{12} \\ b_{21} & b_{22} \end{pmatrix} \\ \hline a_{21}\begin{pmatrix} b_{11} & b_{12} \\ b_{21} & b_{22} \end{pmatrix} & a_{22}\begin{pmatrix} b_{11} & b_{12} \\ b_{21} & b_{22} \end{pmatrix} \end{array}\right)$$

그림 4.53 행렬의 텐서 곱

그림 4.54는 텐서 곱에 관한 디락 표기가 만족하는 성질이다. 관측을 하는 브라 벡터와 연산자의 텐서 곱이 켓 벡터의 순서에 맞게 각각 작용하고 있는 것에 주의하면 된다.

$$|\psi_1\rangle \otimes |\psi_2\rangle = |\psi_1\,\psi_2\rangle$$

$$|\phi_1\rangle \otimes |\phi_2\rangle = |\phi_1\,\phi_2\rangle$$

$$\langle\phi_1\,\phi_2\,|\,\psi_1\,\psi_2\rangle = \langle\phi_1|\psi_1\rangle\,\langle\phi_2|\psi_2\rangle$$

$$\langle\phi_1\,\phi_2\,|A \otimes B|\,\psi_1\,\psi_2\rangle = \langle\phi_1|A|\psi_1\rangle\,\langle\phi_2|B|\psi_2\rangle$$

그림 4.54 텐서 곱의 디락 표기

4.4 정리하면

$$\boxed{|\psi\rangle = \alpha\,|0\rangle + \beta\,|1\rangle} \quad \text{Qubit}$$

$$\langle 0|0\rangle = \langle 1|1\rangle = 1$$

$$\langle 0|1\rangle = \langle 1|0\rangle = 0$$

그림 4.55 큐비트

앞에서 양자 상태에 대한 수학적인 표현에 대하여 살펴 보았다. 고전 컴퓨터에서 서로 배타적인 두 상태를 이용하여 하나를 0, 다른 하나를 1이라 하여 비트를 구성한다. 같은 방법으로 양자 상태의 한 상태를 $|0>$, 다른 상태를 $|1>$이라고 두면 양자 비트quantum bit 즉, 큐비트Qubit를 만들 수 있다. 그러나, 큐비트의 두 상태는 배타적인 것이 않고 일반적으로 중첩의 상태로 존재하고 관측을 할 때에만 상태 $|0>$과 상태 $|1>$이 배타적으로 발견된다.

유용한 계산을 하기 위해서 고전 컴퓨터에서 비트를 조작하는 부울 대수를 사용하였듯이, 큐비트를 조작하는 직교 행렬의 연산자를 조합하여 적용하고 관측한 후에 비로소 우리가 볼 수 있는 결과가 나오게 된다. 이러한 것이 양자 컴퓨터의 기본적인 원리이다.

5

양자 컴퓨터의 원리

5.1 들어가면서
5.2 양자 게이트
5.3 양자 알고리즘
5.4 양자 암호
5.5 정리하면

5.1 들어가면서

양자 컴퓨터에 관한 아이디를 처음 제시한 사람은 앞에서 자주 언급한 제 2차 양자혁명을 주도한 파인만이다. 파인만은 1983년에 현재 사용하는 컴퓨터는 고전 역학의 지배를 받으며 작동하므로 양자역학의 원리로 작동하는 컴퓨터를 구현하면 양자계를 연구할 때 필요한 막대한 계산량을 처리할 수 있는 새로운 차원 계산기가 될 거라고 주장했다.

그러나, 양자계를 다루는 기술의 한계로 그다지 관심을 받지 못하다가, 1994년 벨 연구소의 쇼어Shor가 양자 컴퓨터를 이용한 소인수 분해 알고리즘에 발표하면서 양자 컴퓨터에 대한 관심이 증가하였다. 새로운 방식의 소인수 분해 알고리즘은 고전 알고리즘에 비해 속도가 매우 빨라 당시에 사용하던 RSA 방식의 암호가 위험해졌다. 그래서, 90년대 후반에 인터넷의 일반인들에게 보급되는 것과 맞춰서 응용 수학에서 암호의 연구를 촉진시키는 파급 효과를 가져왔다. 그리고 쇼어 알고리즘을 구현할 양자 컴퓨터를 개발하는 연구가 본격적으로 시작되어 파인만이 주장한 새로운 차원의 계산도구에 대한 환상은 시작되었다.

2장에서 고전 컴퓨터의 원리에 대하여 설명했다. 정보를 비트로 표현한 후에 부울 대수를 이용하여 정보를 조작하고 처리하는 기계가 고전 컴퓨터이다. 양자 컴퓨터는 4장에서 설명한 큐비트Qubit를 사용한다. 관측할 수는 없는 큐비트의 상태를 선형 연산자인 행렬을 이용하여 원하는 결과 값이 나오도록 조작하고 처리하는 기계가 원리상으로 양자 컴퓨터이다.

요즘은 디지털 시대라는 말이 유행이다. 디지털이 아날로그 보다 좋은 것이고 새로이 개발하는 모든 기계는 디지털 기계일거라는 인식을 가지고 있다. 양자 컴퓨터는 당연히 디지털 방식일거라고 예상한다. 하지만, 앞에서 봤듯이 상태의 위상을 이산화하지 않고 자연의 값을 그대로 사용하여 정보를 처리하기에

디지털의 속성이 아니라 아날로그 속성을 가진다. 양자 상태를 관측하면 상태 |0> 또는 |1>로 파동 붕괴가 일어나는 것은 디지털 속성으로 볼 수 있다.

아날로그 속성은 노이즈에 취약하므로 양자 컴퓨터 또한 노이즈에 따른 오류가 심하다. 특히, 열에 매우 민감하다. 열은 에너지의 일종이며 원자가 운동 에너지를 가져서 발생하는 것이며 통계적으로 간단하게 온도로 대표하여 표시할 수 있다. 물체의 온도가 높을수록 열을 많이 가지고, 낮을수록 열을 적게 가진다. 쉽게 생각할 수 있는 양자 컴퓨터의 열 노이즈를 줄이는 방법으로 온도를 절대온도 0도 가까이로 내려서 열 자체를 없앤다. 그래서, 초저온의 고립된 환경에서 양자 회로를 구성한다. 이렇게 개발한 양자 컴퓨터는 보급이 어려워서 네트워크를 이용한 클라우드 서비스로 제공하는 것이 현재의 일반적인 방식이다.

그림 5.1 고전 컴퓨터와 양자 컴퓨터

양자 컴퓨터의 개발 방식에 따라서 초전도 방식, 이온 트랩 방식, 어닐링 방식으로 크게 구분할 수 있고, 각각이 한계를 가져서 물리학자들은 다른 방식도 많이 연구하고 있는 중이다. 초전도 방식을 현재 가장 많이 연구하고 표준 방식으로 인식하고 있는데, 어닐링 방식의 D-wave 사의 제품이 최초로 판매된 양자 컴퓨터이기도 한다. 그러나, D-wave의 제품은 고전 컴퓨터와 하이브리드 방식으로 제작되어 완전한 의미의 양자 컴퓨터로 받아 들여지지 않고 있다. 이론적으로는 어닐링 방식과 게이트 방식이 동일한 성능을 보이며 서로 서로를 시뮬레이션할 수 있는 것이 증명되어 있다. 그러나, 어닐링 방식은 설명하기 위해서 이 책에서 다루지 않은 물리 개념을 추가적으로 설명이 필요해서 생략하고 게이트 방식만 다룬다.

그림 5.2 양자 컴퓨터 현황

많은 노력을 기울이고 있음에도 불구하고, 고전 컴퓨터 정도의 오류를 가지는 양자 컴퓨터를 개발하는 목표는 힘들어 보인다. 그래서, 나온 개념이 NISQ 니스크, Noisy Intermediate-Scale Quantum이다. 상온에서 동작하면서 노이즈에 대하여 완벽하지 않지만 적절한 정도로 안정적이며 중간 크기 정도의 양자 계산 회로를 가지는 QPU를 목표로 하고 있다. 이를 반영하여 구글에서 최근 발표한 양자 AI 플랫폼인 tensorflow quantum에서 사용할 수 있는 하드웨어가 현재 존재하는 CPUCentral Processing Unit, GPUGraphic Processing Unit, TPUTensor Processing Unit를 넘어 QPUQuantum Processing Unit를 지원한다. 소프트웨어가 하드웨어보다 더 빨리 발전하는 형국이다.

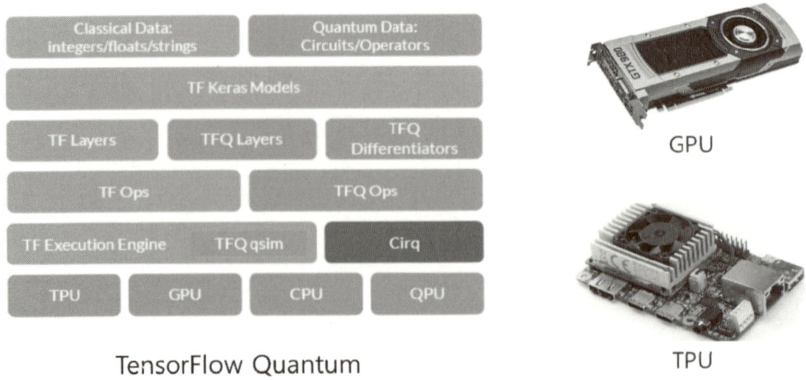

그림 5.3 TensorFlow Quantum의 구조도

여기에서는 부울 대수의 기본이 되는 고전 논리 게이트에 대응하는 양자 게이트에 대하여 먼저 알아보고, 유명한 양자 알고리즘인 그로버 알고리즘과 쇼어 알고리즘을 소개한다. 마지막으로 쇼어 알고리즘으로 위험해진 고전 암호를 대체할 양자 암호에 대하여 설명한다.

5.2 양자 게이트

$$I = \begin{pmatrix} 1 & 0 \\ 0 & 1 \end{pmatrix}$$

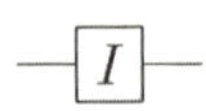

$$I\left(\alpha\left|0\right\rangle + \beta\left|1\right\rangle\right) = \alpha\left|0\right\rangle + \beta\left|1\right\rangle$$

$$\begin{pmatrix} 1 & 0 \\ 0 & 1 \end{pmatrix}\begin{pmatrix} \alpha \\ \beta \end{pmatrix} = \begin{pmatrix} \alpha \\ \beta \end{pmatrix}$$

그림 5.4 기본 연산자 I

가장 간단한 연산자 I를 그림 5.4에 소개한다. 행렬로 표현하면 항등 행렬이며 큐비트를 변화시키지 않는다. 그림 5.4에서 브라-켓 표기로 나타낸 큐비트에 대한 작용과 열벡터로 표기한 큐비트에 대한 행렬곱을 이용한 표기 또한 보여준다. 둘이 같은 것을 의미하는 것을 잘 이해하고 편리한 것을 선택하여 사용하는 것이 좋다. 일반적으로 행렬 표기는 단순 계산을 기계적으로 할 때 편리하고, 브라-켓 표기는 연산자의 작용을 한 눈에 볼 수 있어서 좋다.

그림 5.4의 오른쪽 상단에 양자 회로를 보여준다. 하나의 선이 큐비트 하나를 의미하며 수평 방향 오른쪽으로 진행하는 것은 시간의 경과를 의미한다. 작용하는 연산자를 사각형 박스로 나타낸다. 다른 연산자를 작용하면 사각형 안의 연산자를 바꾸어서 표기한다.

$$Z = \begin{pmatrix} 1 & 0 \\ 0 & -1 \end{pmatrix} \qquad -\boxed{Z}-$$

$$Z(\alpha|0\rangle + \beta|1\rangle) = \alpha|0\rangle - \beta|1\rangle$$

$$\begin{pmatrix} 1 & 0 \\ 0 & -1 \end{pmatrix}\begin{pmatrix} \alpha \\ \beta \end{pmatrix} = \begin{pmatrix} \alpha \\ -\beta \end{pmatrix}$$

그림 5.5 기본 연산자 Z

$$X = \begin{pmatrix} 0 & 1 \\ 1 & 0 \end{pmatrix} \qquad -\boxed{X}-$$

$$X(\alpha|0\rangle + \beta|1\rangle) = \beta|0\rangle + \alpha|1\rangle$$

$$\begin{pmatrix} 0 & 1 \\ 1 & 0 \end{pmatrix}\begin{pmatrix} \alpha \\ \beta \end{pmatrix} = \begin{pmatrix} \beta \\ \alpha \end{pmatrix}$$

그림 5.6 기본 연산자 X

$$Y = \begin{pmatrix} 0 & 1 \\ -1 & 0 \end{pmatrix}$$

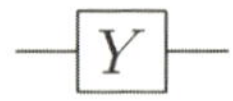

$$Y\left(\alpha\left|0\right\rangle + \beta\left|1\right\rangle\right) = \beta\left|0\right\rangle - \alpha\left|1\right\rangle$$

$$\begin{pmatrix} 0 & 1 \\ -1 & 0 \end{pmatrix}\begin{pmatrix} \alpha \\ \beta \end{pmatrix} = \begin{pmatrix} \beta \\ -\alpha \end{pmatrix}$$

그림 5.7 기본 연산자 Y

이 책에서 사용하는 기본 연산자 Z, X, Y를 그림 5.5, 5.6, 5.7에 나타낸다.[34] 게이트의 구체적인 물리적 구성에 관한 세부 사항은 이 책의 범위를 벗어나기에, 연산자의 작용 결과로 얻어지는 큐비트의 상태 변화에만 관심을 가진다. 어떠한 방식으로 큐비트를 구성하더라도, 입력과 출력이 같으면 양자 게이트가 동일한 것으로 간주하는 기능적인 접근법을 사용한다. 그리고, $Y = ZX$의 관계를 가져서 Y는 기본 연산자가 아니지만, 향후 표기의 편의를 위하여 추가한다.

그림 5.8은 많은 응용을 가지는 아다마르[Hadamard] 연산자 H를 보여준다. $H = \frac{1}{\sqrt{2}}(Z + X)$의 관계를 만족하고 큐비트를 표현하는 정규 직교 기저인 $|0>$, $|1>$에서 $|+>$, $|->$로 변환한다. 그래서, $|0>$ 또는 $|1>$의 순수 상태에 있는 큐비트를 혼합된 중첩 상태로 변환할 때 사용한다.

34 일반적으로 양자 컴퓨터에서 사용하는 기본 연산자는 복소수 행렬이다. 이 책에서는 베른하트의 ≪양자 컴퓨터의 원리와 수학적 기초≫를 참조하여 실수 행렬로 범위를 한정하기에 다른 책과 좀 다르다.

$$H = \frac{1}{\sqrt{2}}\begin{pmatrix} 1 & 1 \\ 1 & -1 \end{pmatrix}$$

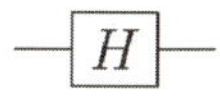

$$H|0\rangle = |+\rangle \equiv \frac{1}{\sqrt{2}}|0\rangle + \frac{1}{\sqrt{2}}|1\rangle$$

$$H|1\rangle = |-\rangle \equiv \frac{1}{\sqrt{2}}|0\rangle - \frac{1}{\sqrt{2}}|1\rangle$$

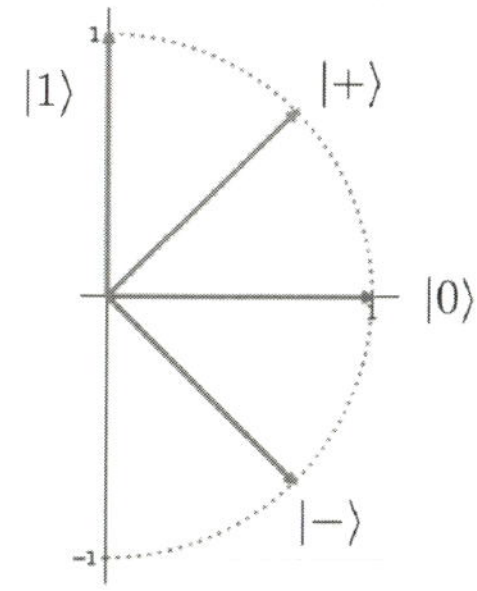

$$H = (|+\rangle\langle 0|) + (|-\rangle\langle 1|)$$

그림 5.8 아다마르 연산자

양자 컴퓨터에서 중요한 또 다른 연산자는 그림 5.9의 CNOT^Controlled NOT, 제어 NOT^이다. 앞에서 설명한 연산자는 큐비트 한 개에 대하여 작용하는 것에 비하여 CNOT은 큐비트 두 개에 대하여 작용한다. 두 개의 큐비트에서 제어하는 큐비트 상태가 |1>일 때 제어받는 큐비트의 상태를 반대로 바꾼다. 제어하는 큐비트의 상태가 |0>이면 작용하지 않는다. 양자 게이트 회로에서 제어를 하는 쪽을 굵은 점으로 표시하고, NOT의 연산이 일어나는 제어받는 쪽을 ⊕기호를 사용하여 표기한다.

CNOT의 이진 표기는 순수 기저 상태 |0>을 이진수 0, 순수 기저 상태 |1>을 이진수 1로 해석하고, 연산자 ⊕는 2장에서 소개한 XOR의 연산자이다. XOR는 두 이진수가 다르면 1이되고, 같으면 0이 된다. 이 결과를 켓 벡터로 다시 표기하여 큐비트의 상태로 나타낸다. 이런 표기가 조금 복잡할 수 있겠지만, 고전 컴퓨터에서 사용한 부울 대수 연산을 기저 벡터에 대하여 직접 이용할 수 있는 장점이 있다. 이진 표기의 결과가 오른쪽 표와 일치하는 것을 차분히 확인해 보는 것이 좋다. CNOT은 선형 변환이므로 기저 벡터에 대하여 결과가 일치하면 임의의 상태 벡터에 대해서도 결과가 같아진다. 행렬 형태는 4장에서 설명한 텐서곱 기저의 순서에 맞게 표기한 것이다.

$\|\psi_1\psi_2\rangle$	$\|\psi_1\phi\rangle$
$\|00\rangle$	$\|00\rangle$
$\|01\rangle$	$\|01\rangle$
$\|10\rangle$	$\|11\rangle$
$\|11\rangle$	$\|10\rangle$

Binary notation: $\mathrm{CNOT}(x, y) = (x, x \oplus y)$

Matrix form:

$$\begin{pmatrix} 1 & 0 & 0 & 0 \\ 0 & 1 & 0 & 0 \\ 0 & 0 & 0 & 1 \\ 0 & 0 & 1 & 0 \end{pmatrix} = \left(\begin{array}{c:c} I & 0 \\ \hdashline 0 & X \end{array}\right)$$

그림 5.9 CNOT 연산자

CNOT의 간단한 응용으로 그림 5.10의 신호 분할fan out을 볼 수 있다. 신호 분할은 같은 신호를 여러 개 만드는 작업으로 비트를 다루는 고전 컴퓨터에서는 간단하게 전선을 추가하여 분리하면 된다. 그러면, 연결된 전선에는 같은 비트를 가진다. 양자 컴퓨터에서는 상황이 좀 더 복잡하다. 복제 불가능 정리에서 큐비트는 복제가 되지 않으므로, 신호 분할을 하기 위하여 양자 회로를 추가하여야 한다. 그리고, 이러한 신호 분할은 양자 상태를 복제한 것이 아님에 주의해야 한다.

그림 5.10의 위쪽은 큐비트 1개를 추가하고, 아래쪽은 큐비트 2개를 추가하여 CNOT을 이용하여 신호 분할을 하는 회로이다. 이러한 신호 분할과 뒤에서 설명하는 오류 정정 회로를 이용하여 양자 컴퓨터 계산의 오류가 적어지도록 한다.

그림 5.9에서 CNOT의 작용을 살펴볼 때에는 기저 상태 별로 동작을 확인하였다. 그림 5.10의 입력 큐비트는 중첩된 상태이다. 이런 경우는 4장의 선형 변환의 성질을 사용한다. 중첩된 큐비트는 기저 상태에 대하여 먼저 CNOT을 적용한 후에 결과로 얻은 상태 벡터를 다시 중첩을 한다. 2장의 고전 논리 회로

가 익숙한 독자는 동일한 회로가 하나의 입력에 대하여 다른 작용을 하는 것이 직관적으로 이해가 되지 않을 것이다. 고전 논리 회로에서는 중첩된 입력이란 것이 있을 수 없기 때문이다. 양자 컴퓨터가 고전 컴퓨터에 비하여 매우 빠르게 계산할 수 있는 것은 이런 중첩 현상을 잘 이용하기 때문이다.

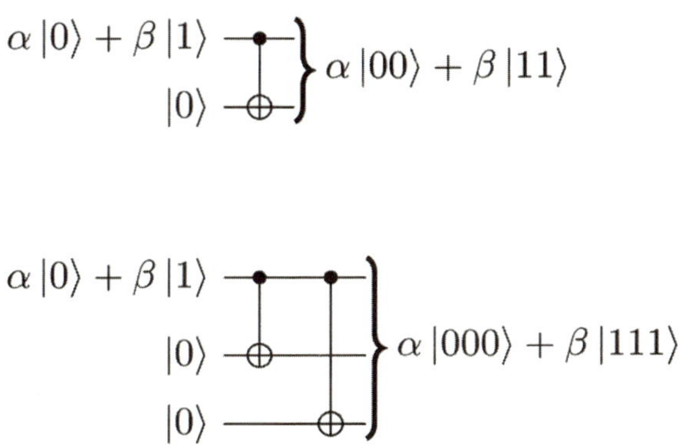

그림 5.10 신호 분할

그림 5.11은 벨 회로이다. 큐비트 두 개를 얽힌 상태로 만들기 위하여 사용한다. 회로에서 볼 수 있듯이 아다마르 연산을 행한 후에 CNOT을 적용한다. 그림 5.12, 5.13, 5.14, 5.15에서 입력되는 큐비트의 기저에 대하여 출력되는 큐비트의 상태를 보여준다. 결과로 나온 4가지의 상태 벡터는 벨의 기저를 형성하는 것을 알 수 있다. 즉, 모든 벨의 기저를 벨의 회로로 만들 수 있다. 각 그림에서 유도 과정을 상세하게 설명했으며, 계산을 천천히 따라서 해보는 것이 좋다.

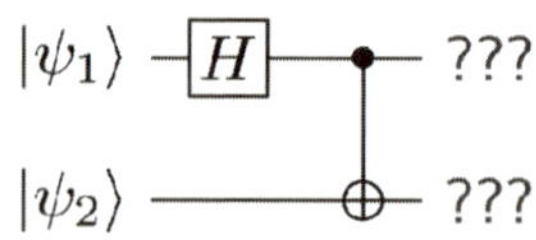

Dirac notation:

$$\mathrm{CNOT}\,|H \otimes I|\psi_1, \psi_2\rangle = \mathrm{CNOT}(|H\psi_1\rangle \otimes |\psi_2\rangle)$$

그림 5.11 벨 회로

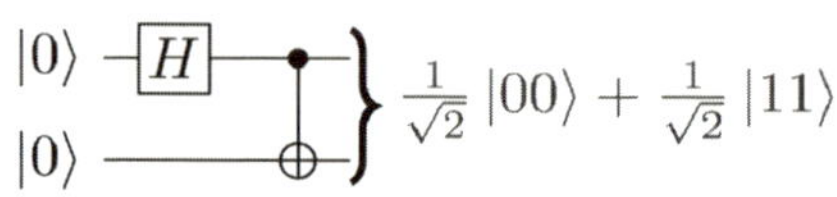

$$|00\rangle \xrightarrow{H\otimes I} \tfrac{1}{\sqrt{2}}(|00\rangle + |10\rangle) \xrightarrow{\mathrm{CNOT}} \tfrac{1}{\sqrt{2}}(|00\rangle + |11\rangle)$$

그림 5.12 벨 회로의 동작 1

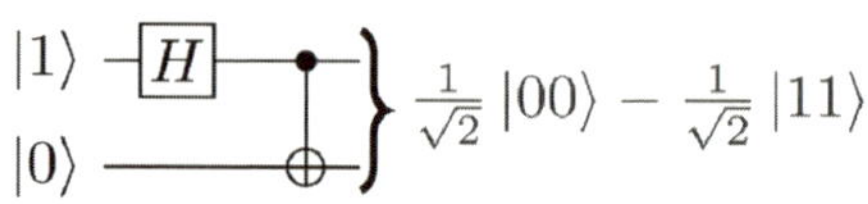

$$|10\rangle \xrightarrow{H\otimes I} \tfrac{1}{\sqrt{2}}(|00\rangle - |10\rangle) \xrightarrow{\mathrm{CNOT}} \tfrac{1}{\sqrt{2}}(|00\rangle - |11\rangle)$$

그림 5.13 벨 회로의 동작 2

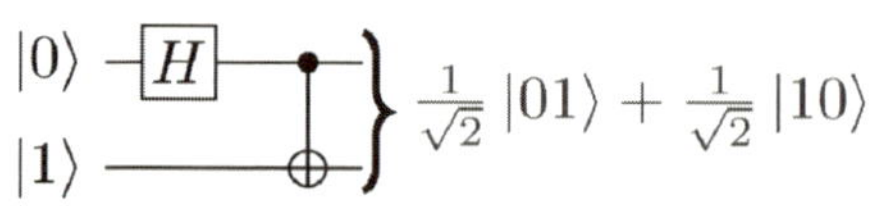

$$|01\rangle \xrightarrow{H\otimes I} \tfrac{1}{\sqrt{2}}(|01\rangle + |11\rangle) \xrightarrow{\mathrm{CNOT}} \tfrac{1}{\sqrt{2}}(|01\rangle + |10\rangle)$$

그림 5.14 벨 회로의 동작 3

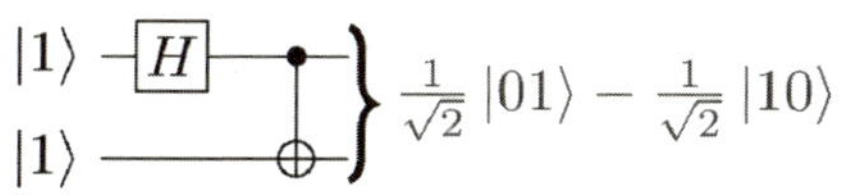

$$|11\rangle \xrightarrow{H\otimes I} \frac{1}{\sqrt{2}}(|01\rangle - |11\rangle) \xrightarrow{\text{CNOT}} \frac{1}{\sqrt{2}}(|01\rangle - |10\rangle)$$

그림 5.15 벨 회로의 동작 4

그림 5.16은 벨 회로와 리버스 벨 회로를 연결한 것이다. 리버스 벨 회로는 벨 회로와 반대의 기능을 가진다. 두 회로를 연결하면 기본 연산자 I가 되며, 이를 그림 5.16의 아래쪽에 각각의 기저에 대하여 계산으로 보였다. 여기에서 큐비트의 정규화를 나타내는 계수 $\frac{1}{\sqrt{2}}$는 혼잡을 피하기 위하여 생략하였다. 앞으로도 표기가 복잡해지는 경우에는 정규화 계수[35]를 생략하겠다.

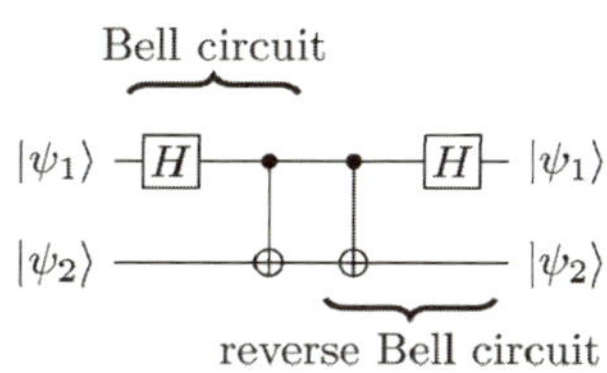

$$|00\rangle \longrightarrow |00\rangle + |10\rangle \longrightarrow |00\rangle + |11\rangle \longrightarrow |00\rangle + |10\rangle \longrightarrow |00\rangle + |10\rangle + |00\rangle - |10\rangle = |00\rangle$$
$$|01\rangle \longrightarrow |01\rangle + |11\rangle \longrightarrow |01\rangle + |10\rangle \longrightarrow |01\rangle + |11\rangle \longrightarrow |01\rangle + |11\rangle + |10\rangle - |11\rangle = |00\rangle$$
$$|10\rangle \longrightarrow |00\rangle - |10\rangle \longrightarrow |00\rangle - |11\rangle \longrightarrow |00\rangle - |10\rangle \longrightarrow |00\rangle + |10\rangle - |00\rangle + |10\rangle = |10\rangle$$
$$|11\rangle \longrightarrow |01\rangle - |11\rangle \longrightarrow |01\rangle - |10\rangle \longrightarrow |01\rangle - |11\rangle \longrightarrow |01\rangle + |11\rangle - |01\rangle + |11\rangle = |11\rangle$$

그림 5.16 리버스 벨 회로

그림 5.17에서 바늘을 가진 눈금계가 있는 사각형은 관측을 의미한다. 큐비트 두 개가 있는 경우에 두 개 모두 동시에 관측할 수 있고, 하나만 관측하는 경

35 $\alpha|0> +\beta|1>$의 경우, 두 상태 중에서 입자가 발견될 확률이 1이라는 추가 조건 $|\alpha|^2 + |\beta|^2 = 1$을 가진다. 추가 조건을 구체적으로 계수에 나타내기 위해서는 $\sqrt{|\alpha|^2 + |\beta|^2}$으로 각각의 계수를 나누어 표기해야 한다. $1/\sqrt{|\alpha|^2 + |\beta|^2}$을 정규화 계수라고 한다.

우도 있다. 관측 후에 파동 붕괴가 발생하는 것을 두 줄을 사용하여 회로에 표시한다.

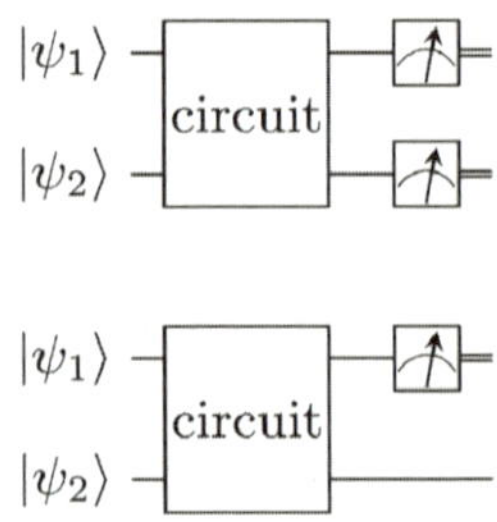

그림 5.17 관측

CNOT의 또 다른 응용으로 교환swap 연산자가 있다.(그림 5.18) 교환 연산자는 큐비트 두 개의 상태를 서로 바꾸는 것이다. 그림에서 볼 수 있듯이 CNOT을 적절하게 세 번 적용하여 교환 작용을 하는 회로를 꾸밀 수 있다. 교환 연산자는 회로에서 교환하는 두 큐비트에 × 표를 사용하여 연결한다.

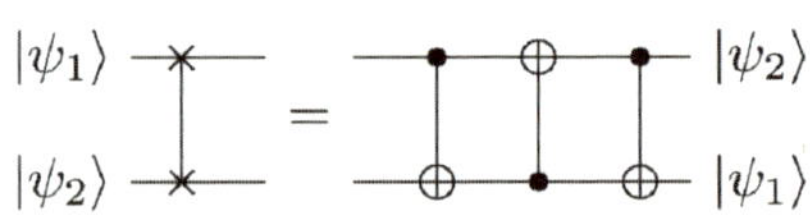

$$
\begin{aligned}
(x, y) &\longrightarrow (x, x \oplus y) \\
&\longrightarrow (x \oplus x \oplus y, x \oplus y) = (y, x \oplus y) \\
&\longrightarrow (y, y \oplus x \oplus y) = (y, x)
\end{aligned}
$$

그림 5.18 교환

그림 5.19는 일반적인 제어 게이트에 대한 회로이다. CNOT과 비슷하게 제어를 하는 큐비트에 굵은 점으로 표시하고, 제어되는 큐비트에 적용하는 연산자를 표기한다. 제어하는 큐비트가 |0>이면 연산자는 적용되지 않고, 제어하는 큐비트가 |1>인 경우에 연산자가 제어되는 큐비트에 적용된다.

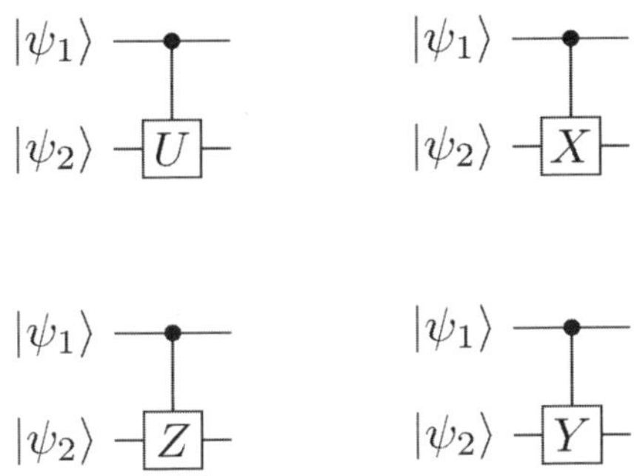

그림 5.19 제어 게이트

그림 5.20은 토폴리 게이트이다. CNOT의 확장으로 큐비트 세 개에 작용한다. 제어하는 큐비트 두 개의 상태가 $|11>$인 경우에만 제어되는 세 번째 큐비트에 NOT이 작용된다. 게이트 회로에서는 제어하는 두 개의 큐비트에 굵은 점을, 제어되는 세 번째 큐비트에 $\oplus$를 사용하여 표기한다.

토폴리 게이트를 활용하면 고전 범용 게이트이 NAND를 만들 수 있다. 결국, 토폴리 게이트를 이용하면 이론적으로 고전 게이트를 모두 구성할 수 있다.

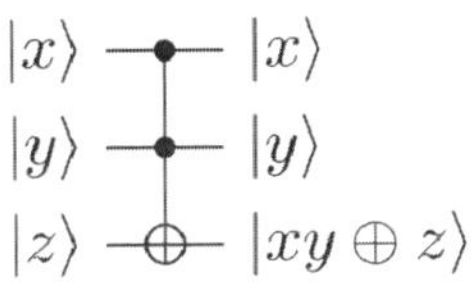

Binary notation:

$$\text{TOFFOLI}(x, y, z) = (x, y, xy \oplus z)$$

$$\begin{aligned}\text{TOFFOLI}(x, y, 1) &= (x, y, xy \oplus 1)\\ &= (x, y, \overline{xy})\\ &= (x, y, x \text{ NAND } y)\end{aligned}$$

그림 5.20 토폴리 게이트

얽힘 현상을 이용하는 것으로 큐비트 한 개를 전송하여 고전 비트 정보 두 개를 전달하는 초고밀도 코딩이 있다.(그림 5.21) 밥[36]이 얽힌 상태에 있는 큐비트 두 개를 준비하여 하나를 앨리스에게 보낸다. 앨리스는 보내고자 하는 정보에 따라서 밥이 보낸 큐비트에 연산자를 적용하고 다시 밥에게 큐비트를 보낸다. 이를 받은 밥은 리버스 벨 회로를 이용하여 앨리스가 보낸 정보를 얻는다.

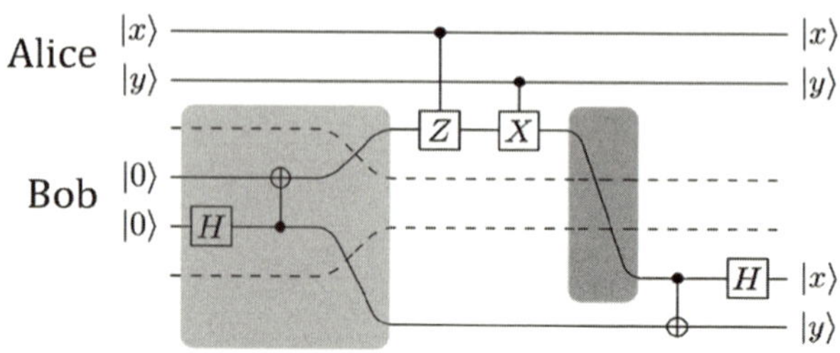

$$
\begin{aligned}
|00\rangle : &\quad |00\rangle + |11\rangle \rightarrow |00\rangle + |11\rangle \longrightarrow |00\rangle + |10\rangle \rightarrow |00\rangle \\
|01\rangle : &\quad |00\rangle + |11\rangle \rightarrow |10\rangle + |01\rangle \longrightarrow |11\rangle + |01\rangle \rightarrow |01\rangle \\
|10\rangle : &\quad |00\rangle + |11\rangle \rightarrow |00\rangle - |11\rangle \longrightarrow |00\rangle - |10\rangle \rightarrow |10\rangle \\
|11\rangle : &\quad |00\rangle + |11\rangle \rightarrow |01\rangle - |10\rangle \longrightarrow |01\rangle - |11\rangle \rightarrow |11\rangle
\end{aligned}
$$

그림 5.21 초고밀도 코딩

얽힘을 이용하면 양자 순간 이동을 구현할 수 있다. 이름이 주는 오해로 양자 상태에 있는 입자가 영화에서 보는 것처럼 이동하는 것 같지만, 단지 입자가 가지는 상태, 즉 큐비트의 정보만 멀리 있는 다른 큐비트로 옮겨 가는 것이다. 같은 입자가 가지는 서로 다른 차이는 큐비트의 정보로만 결정되고 큐비트의 위상은 관측할 수 없으므로, 이를 전송하는 것 또한 이동이라고 할 만하다.

그림 5.22에서 보듯이, 밥이 얽힌 상태에 있는 큐비트 두 개 중의 하나를 앨

36 암호 또는 통신에서 불특정인 A, B, C를 앨리스(Alice), 밥(Bob), 찰스(Charles)로 흔히 지칭한다. 앨리스는 정보를 보내는 사람(송신자), 밥은 정보를 받는 사람(수신자), 찰스는 정보를 훔치는 사람(도청자)의 역할을 한다.

리스에게 보낸다. 앨리스는 보내고자 하는 큐비트를 이용하여 밥에게 받은 큐비트에 CNOT 연산을 한다. 그런 후에 밥에게서 받은 큐비트는 다시 돌려 주고, 원래 가지고 있던 큐비트를 아다마르 연산자를 적용한 후에 관측을 한다. 이 관측 결과를 고전 통신망을 이용하여 밥에게 알려준다. 밥은 앨리스로부터 다시 받은 큐비트를 관측하여 정보를 얻고, 고전 통신망으로 앨리스에게서 받은 정보를 이용하여 처음 얽힌 상태의 큐비트에 연산자를 적용한다. 그러면, 마지막 큐비트의 상태는 앨리스의 큐비트 상태가 된다. 여기에서, 순간 이동의 속도가 빛보다 빠르지 않은 것에 주의해야 한다. 앨리스가 관측한 결과를 고전 통신망을 통하여 밥에게 전달하고 그런 후에 밥이 추가 작업을 해야 한다.[37]

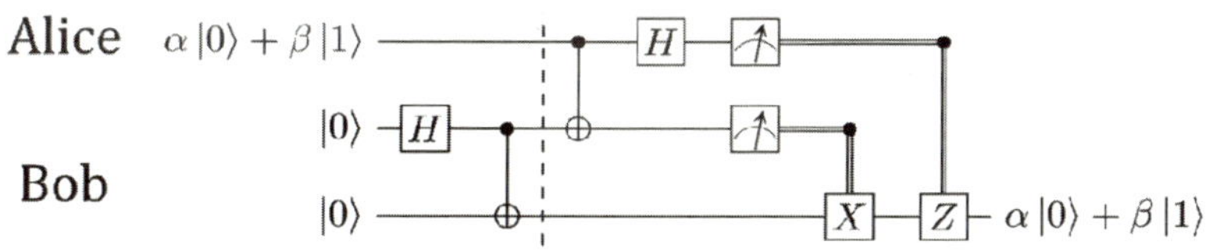

Before Measurement:

$\alpha|000\rangle+\beta|001\rangle+$
$\alpha|011\rangle+\beta|010\rangle+$
$\alpha|100\rangle-\beta|101\rangle+$
$\alpha|111\rangle-\beta|110\rangle$

Output	State	Action
00	$\alpha\|0\rangle+\beta\|1\rangle$	I
01	$\alpha\|1\rangle+\beta\|0\rangle$	X
10	$\alpha\|0\rangle-\beta\|1\rangle$	Z
11	$\alpha\|1\rangle-\beta\|0\rangle$	ZX

그림 5.22 양자 순간 이동

위에서 살펴본 얽힘 현상의 두 가지 응용인 초고밀도 코딩과 양자 순간 이동은 역산의 관계를 가진다. 그림 5.23은 둘이 가지는 대칭성을 보여준다. 표에 따르면 고전 2비트가 양자 1큐비트에 대응한다. 이는 정보 처리에 양자 중첩의 효과를 잘 활용한 결과이다.

37 중국이 2017년에 그림 3.39의 양자 통신위성 묵자호가 1200Km 떨어진 곳에서 양자 순간 이동에 성공했다고 보도했다.

	초고밀도 코딩	양자 순간 이동
전송 대상	2비트 정보	양자 1큐비트
전송 방법	양자 1큐비트	2비트 정보

그림 5.23 초고밀도 코딩과 양자 순간 이동의 대칭성

그림 5.24는 그림 5.10을 이용하여 신호 분할한 세 개의 큐비트에 오류가 발생했는지 확인하는 회로이다. 양자 회로는 열에 취약하기 때문에 항상 오류가 발생할 가능성은 매우 크다. 그러므로, 오류 탐지 회로를 이용하여 오류를 탐지하고 오류 정정 회로를 사용하여 정정하여야 실제로 오류 없이 사용할 수 있는 큐비트가 된다. 신호 분할에서 볼 수 있듯이, 큐비트 하나의 정보를 여러 개의 큐비트를 이용하여 정보를 저장하고 통신하고 있다. 이때 사용자가 원하는 정보를 나타내는 큐비트를 논리 큐비트라고 하며, 오류 정정까지 고려하여 실제로 사용된 큐비트를 물리 큐비트라고 한다. 그림 5.24에서는 세 개의 물리 큐비트를 사용하여 한 개의 논리 큐비트를 구성하고 있다.

세 개의 물리 큐비트를 사용하면 세 개 중의 하나의 큐비트에만 오류가 발생할 때에는 오류를 정정할 수 있다. 그러나, 두 개의 큐비트에 오류가 발생하면 정정할 수 없다. 그러므로, 오류가 매우 심한 환경에서 동작하는 큐비트의 경우에는 더 많은 수의 큐비트를 사용하여야 안정적인 논리 큐비트를 만들 수 있다. 양자 상태는 오류가 매우 심하기 때문에 여기서 소개하는 단순한 방법이 아닌, 위상 양자 상태를 이용하여 논리 큐비트 한 개에 대하여 물리 큐비트를 10 ~ 100개 미만으로 줄이는 것을 현재 목표로 하고 있다.

그림 5.24에서 신호 분할된 세 개의 큐비트는 같은 값을 가진다. 이 성질을 이용하면, 수신개의 세 개의 큐비트에 오류가 모두 없는 경우에는 탐지 회로의 패리티parity 큐비트가 |00>이 되며, 오류가 있는 경우에는 다른 값을 가지는 것을 알 수 있다. 패리티 큐비트의 값이 오류를 나타내면 추가적으로 정정 회로를 사용하여 오류를 정정할 수 있다.

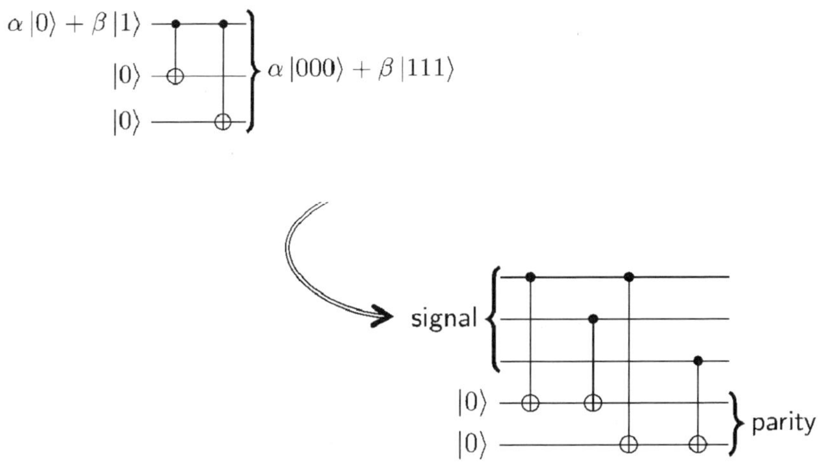

그림 5.24 오류 탐지 회로

마지막으로 양자 회로를 이용한 가산기adder를 살펴 본다. 우선 자리 올림이 없는 경우의 이진법의 덧셈은 XOR와 일치하는 것을 2장에서 보았듯이, CNOT을 이용하여 자리 올림 없는 양자 가산기의 회로를 구성할 수 있다.(그림 5.25)

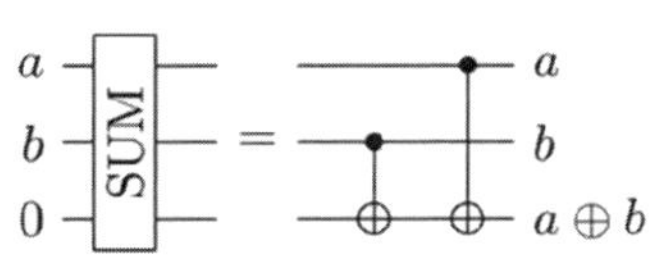

$$(a, b, 0) \longrightarrow (a, b, b) \longrightarrow (a, b, a \oplus b)$$

그림 5.25 양자 가산기(자리 올림 없는 경우)

그림 5.26은 자리 올림이 있는 경우이다. 아래 자리에서 올라오는 숫자와 윗 자리로 올려야 하는 숫자까지 모두 고려한 회로이다. 복잡해 보이는 회로이지만 결과적으로 나오는 수식은 2장의 논리 게이트로 구성한 고전 가산기와 일치하는 것을 확인할 수 있다.

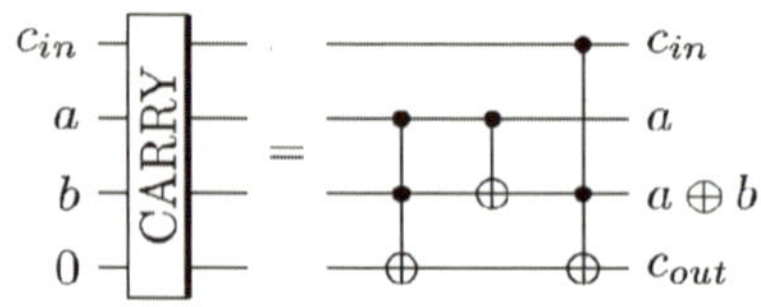

$$(c, a, b, 0) \longrightarrow (c, a, b, ab) \longrightarrow (c, a, a \oplus b, ab)$$

$$\longrightarrow (c, a, a \oplus b, ab \oplus bc \oplus ca)$$

그림 5.26 양자 가산기(자리 올림 있는 경우)

그림 5.26에서 구성한 가산기를 이용하여, 고전 가산기와 마찬가지로, 이를 순차적으로 연결하여 여러 자리를 가지는 이진수의 가산기를 완성할 수 있다. (그림 5.27) 이진수의 가산기가 완료되어서, 고전 컴퓨터와 같이 추가적인 연산회로를 계속해서 개발할 수 있다.

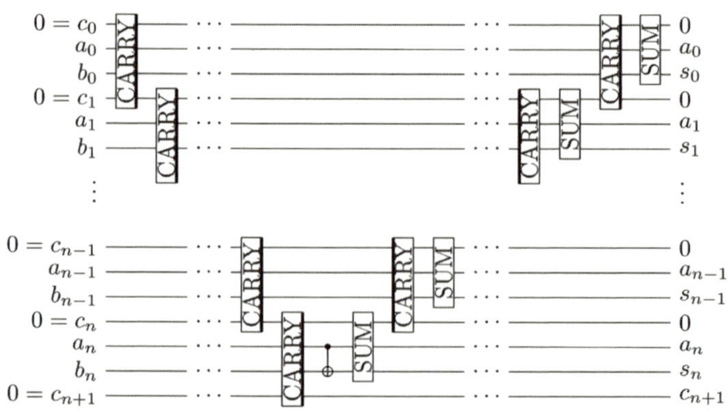

그림 5.27 n +1 자리를 가진 이진수의 양자 가산기

5.3 양자 알고리즘

양자 알고리즘의 소개에 앞서, 전산학 분야에서 기계 계산에 관한 이론이 있다. 기계와 알고리즘에 대한 성능 분석에 관한 학문인데 튜링의 연구 이후에 많은 발전이 있었다. 그래서, 기계로 풀 수 있는 문제에 대하여 여러 가지 개념을 도입하고 풀고자 하는 문제를 구분하게 되었다. 복잡한 이론이지만, 결론적으로는 고전 계산기에서 가장 강력한 기계는 튜링 머신이 된다. 그리고, 현재의 컴퓨터가 튜링 머신의 일종이다.

새로운 차원의 계산 기계라는 환상으로 양자 컴퓨터를 연구하기 시작했지만, 하드웨어의 발전이 느려서 계산 이론부터 먼저 결과가 나왔다. 이론적으로 생각할 수 있는 가장 좋은 양자 컴퓨터라고 할지라도 계산 가능 능력에 관해서는 고전 튜링 머신과 동일하다는 것이 증명되었다. 즉, 현재의 컴퓨터가 계산할 수 없는 문제는 양자 컴퓨터 또한 할 수 없다. 단지 현재 컴퓨터의 계산 속도가 느린 경우에 이를 빠르게 처리할 수 있을 뿐이다.

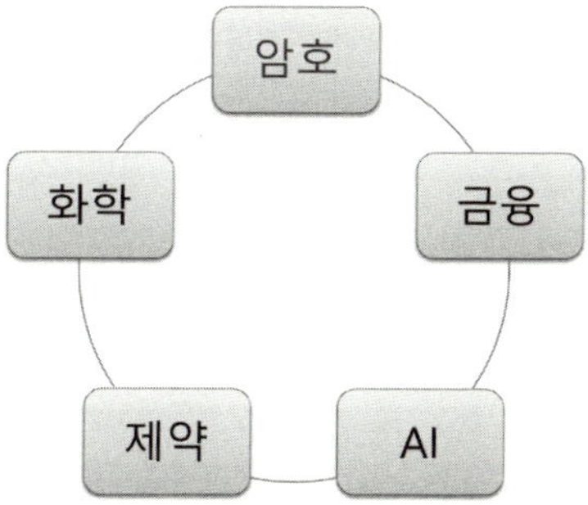

그림 5.28 양자 우위 분야

그러므로, 향후 양자 컴퓨터가 우위를 보일 수 있는 분야는 현재 컴퓨터로 계산량이 방대해서 처리 속도가 매우 느린 분야일 것이다. 이런 분야에서 좋은 양자 알고리즘을 발견하면 양자 컴퓨터는 새로운 차원의 계산기가 될 수 있다.

현재 가장 양자 컴퓨터가 우위를 보이는 분야는 암호이다. 암호에 대해서는 다음 절에서 보다 자세하게 설명한다. 다음으로 기대되는 분야는 양자 화학과 이를 이용하는 제약 분야이다. 양자 화학 자체가 계산량이 많고 이를 이용하여 분석하는 단백질의 거동 또한 현재로서 힘든 분야이다. 단백질 거동에 대한 연구 결과가 축적되면 제약이나 백신 분야에 응용할 수 있다. 양자 컴퓨터는 양자 상태를 직접 활용하므로, 양자 화학을 시뮬레이션 하는 것에 많은 장점이 있을 것이라 예상한다.

AI 또한 빅데이터를 다루고 모델을 바꾸어 가면서 테스트를 해야 하므로 많은 계산량을 요한다. 더 나아가서 모델 자체에 양자 개념을 넣은 양자 뉴럴 네트워크 또한 현재 연구 중이다. 마지막으로 저자가 하고 있는 파생 상품 평가에 양자 컴퓨터를 활용하면 현재 많은 컴퓨터를 사용해야 하는 계산에 도움이 된다.

그 외에도 현재 양자 컴퓨터의 응용을 기다리는 많은 분야가 있다. 앞에서 언급했듯이 양자 컴퓨터가 현재 컴퓨터가 풀 수 없는 새로운 문제를 해결할 수 있는 것이 아니다. 단지 양자 병렬성을 잘 이용하여 계산 시간을 단축할 수 있다. 이에 대하여 간단한 보기를 통하여 알아본다.

$$f(x) : \{0,1\} \to \{0,1\}$$

$f(0)=0$	$f(1)=0$	constant
$f(0)=1$	$f(1)=1$	constant
$f(0)=0$	$f(1)=1$	balanced
$f(0)=1$	$f(1)=0$	balanced

Determine where f is constant or balanced.

그림 5.29 도이치 문제

처음으로 양자 우위를 보인 것은 도이치 문제이다. 그림 5.29는 주어진 함수가 상수 함수인지 균형 함수인지를 결정하는 도이치 문제를 보여준다. 고전적으로는 함수를 두 번 계산해야만 한다.

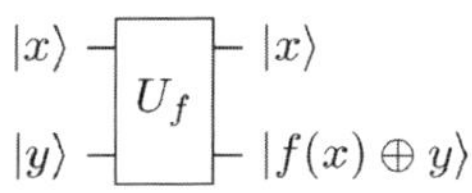

Controlled f-NOT

y	$f(x) \oplus y$
0	$f(x)$
1	$\overline{f(x)}$

그림 5.30 도이치 문제를 위한 함수 오라클

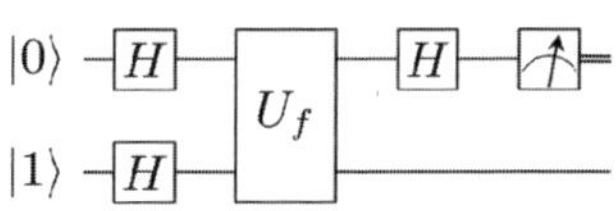

Note:

$$|x\rangle \otimes (|0\rangle - |1\rangle) \xrightarrow{f-c-N} |x\rangle \otimes (|f(x)\rangle - |\overline{f(x)}\rangle) = (-1)^{f(x)} |x\rangle \otimes (|0\rangle - |1\rangle)$$

$f(0) \oplus f(1) = 0$: constant

$f(0) \oplus f(1) = 1$: balanced

$$\begin{aligned} |0\rangle \otimes |1\rangle \xrightarrow{H \otimes H} |+\rangle \otimes |-\rangle \xrightarrow{f-c-N} & ((-1)^{f(0)} |0\rangle + (-1)^{f(1)} |1\rangle) \otimes |-\rangle \\ &= (-1)^{f(0)} (|0\rangle + (-1)^{f(0) \oplus f(1)} |1\rangle) \otimes |-\rangle \\ &\xrightarrow{H \otimes I} (-1)^{f(0)} |f(0) \oplus f(1)\rangle \otimes |-\rangle \\ &= \begin{cases} \pm |0\rangle \otimes |-\rangle & \text{for constant} \\ \pm |1\rangle \otimes |-\rangle & \text{for balanced} \end{cases} \end{aligned}$$

그림 5.31 도이치 문제를 위한 회로와 증명

그림 5.30는 도이치 문제를 위한 함수 오라클이다. 오라클은 원래 신탁이란 뜻을 가진 그리스 말이고 현재 유명한 데이터 베이스DB를 제작하는 회사명으로 사용하지만, 여기에서는 함수가 주는 결과값을 큐비트로 구현한 양자 회로를 의미한다. 그림 5.31은 도이치 문제를 해결하는 알고리즘을 구현한 회로와 알

고리즘이 바르게 작동하는 것을 증명한 것이다. 큐비트 두 개를 중첩한 것을 함수 오라클의 성질을 잘 이용하여 함수 오라클을 한번 실행하여 결과를 얻는다.

Classic : Twice
Deutch : Once

Quantum Parallelism

그림 5.32 도이치 문제의 양자 알고리즘 성능

결국, 도이치 문제를 해결하기 위해서 고전적으로는 두 번의 함수 호출이 필요하지만, 양자 알고리즘에서는 한 번의 함수 호출이면 충분하다. 양자 상태의 중첩을 잘 이용하여 계산량을 반으로 줄인 것이다. 도이치 알고리즘은 양자 병렬성을 보여주는 간단한 최초의 보기이다.

보다 더 실용적인 문제를 해결할 수 있는 유명한 양자 알고리즘은 그로버Grover 알고리즘과 쇼어Shor 알고리즘이다. 우선 그로버 알고리즘부터 소개한다.

Given:

$$X = \{x_1, x_2, \cdots, x_N\}$$
$$f : X \to \{0, 1\}$$

Goal:

Find ξ such that $f(\xi) = 1$.

그림 5.33 비정형 탐색 문제

그로버 알고리즘이 다루는 것은 비정형 탐색 문제이다. 비정형 데이터가 매우 많이 주어졌다고 가정한다. 비정형 데이터이므로 정렬을 하거나 다른 어떤 패턴도 없는 것으로 가정한다. 여기에서 특정한 조건을 만족하는 데이터 한 개를 찾는 문제이다. 비정형 데이터이므로 고전적으로는 모든 데이터를 일일이 검

색을 하여야 한다. 비정형 탐색 문제를 수학적으로 표현하면 그림 5.33이 된다.

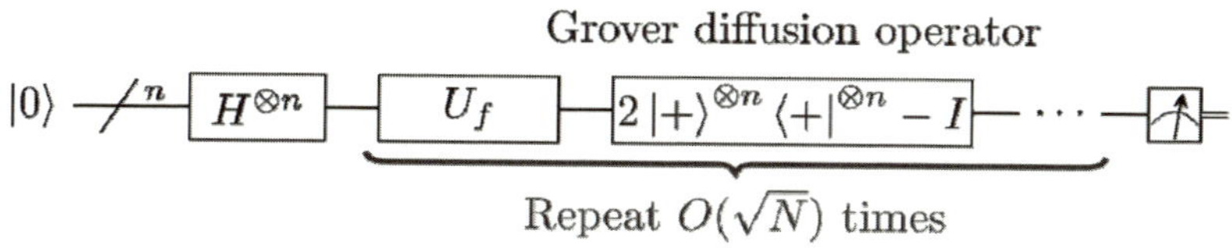

그림 5.34 그로버 알고리즘 회로

그림 5.34는 그로버 알고리즘의 회로를 보여준다. 먼저 모든 가능한 데이터를 아다마드 연산자를 이용하여 중첩시킨다. 이를 함수 오라클을 이용하여 한 번에 계산을 할 수 있다. 그러면, 그림 5.44의 위쪽 그림과 같은 결과를 얻을 수 있다. 수 많은 데이터 중에서 찾고자 하는 데이터에 해당하는 부분이 다른 값을 가지게 된다.

여기에서 주의할 것은 찾고자 하는 데이터가 다른 위상으로 중첩되어 있지만, 이를 직접 관측하여 원하는 결과를 관측할 확률은 매우 작다. 그림에서 보듯이, 각 상태가 발견될 확률은 아직 모두 같기 때문에, 정확한 결과를 얻을 확률은 1/N에 불과하다.

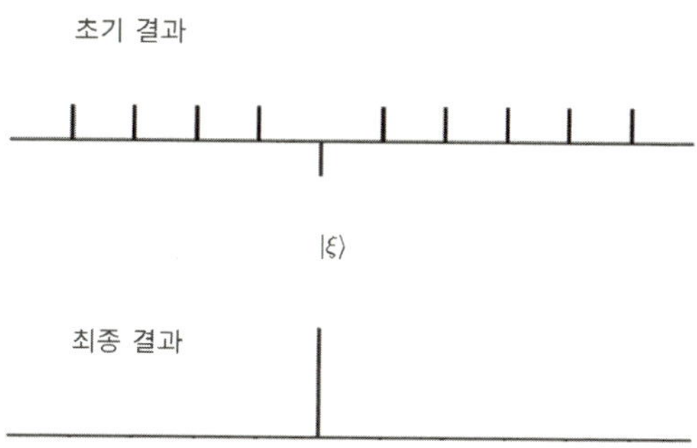

그림 5.35 진폭 증폭의 결과

그로버 확산 연산자Grover diffusion operator를 사용하면 원하는 결과의 진폭만 증폭시키는 효과를 얻는다. 그로버 확산 연산자의 여러 번 반복한 결과가 그림 5.35 하단의 그림이다. 이때 관측을 하면 높은 확률로 원하는 결과를 얻을 수 있다. 하지만, 아직 확률이 1은 아니기 때문에 항상 원하는 결과를 얻는 것은 아니다. 이를 확인하기 위하여 함수를 다시 직접 평가하여 원하는 결과인지 확인해야 한다. 원하는 결과가 맞으면 계산을 종료하고, 그렇지 않다면 이 모든 계산 과정을 다시 반복한다.

Classic: $O(N)$

Grover: $O(\sqrt{N})$

Quadratic improvement

But not once

그림 5.36 그로버 알고리즘의 성능

이러한 반복 작업을 하더라도 그로버 알고리즘의 성능은 고전 알고리즘의 성능에 비하여 매우 향상된다. 그림 5.36에 성능의 결과를 보여 준다. 예를 들어서 $N=10^{8}$1억이면 고전 알고리즘은 단위 시간의 1억배 정도의 계산이 소요되지만, 그로버 알고리즘은 1만배 정도의 계산이 소요된다. 성능의 이러한 향상을 제곱 향상quadratic improvement이라고 한다.

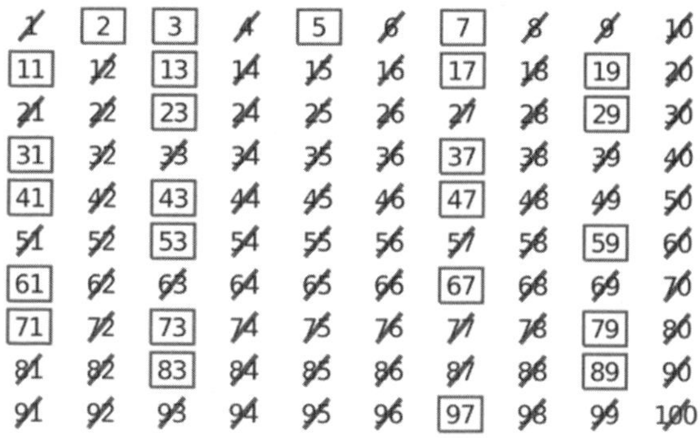

그림 5.37 소수 찾기 알고리즘

다음으로 소개할 양자 알고리즘은 소인수 분해에 특화된 쇼어Shor 알고리즘이다. 1과 자기 자신을 제외한 인수를 가지지 않는 자연수를 소수prime number라고 한다. 자연수 1은 인수가 1개여 개 편의상 소수가 아닌 걸로 정의한다.

그림 5.37은 초보적인 소수 찾기 알고리즘을 보여준다. 우선 1을 제외한다. 그런 다음 제외되지 않은 가장 작은 수 2를 선택한다. 2의 배수 4, 6, 8, …. 을 제외한다. 그런 다음 다시 제외되지 않은 가장 작은 수 3을 선택한다. 3의 배수 6, 9, 12, …. 를 제외한다. 이제 제외되지 않은 가장 작은 수는 5가 된다. 이를 과정을 원하는 만큼 반복하면 소수들의 집합을 구할 수 있다.

주어진 자연수를 소수의 곱으로 표현하는 것을 소인수 분해prime factorization라고 한다. 알려져 있지 않은 소인수 분해를 찾아 내는 것이 매우 어려운 것을 이용하여 RSA 암호를 만들었다. RSA 암호는 비대칭 키 방식으로 현재 가장 많이 사용하는 암호이다. 그림 5.38은 768비트 RSA에서 사용한 소인수 분해를 보여준다. 232자리의 숫자를 116자리의 소수 두 개의 곱으로 표현된다. 이제 이러한 소인수 분해가 알려졌기에 RSA-768을 사용하는 것은 위험하여 현재 RSA-2048을 사용하고 있다.

1230186684530117755130494958384962720772853569595334792197322452151726400507263657518745202199
786469389956474942774063845925192557326303453731548268507917026122142913461670429214311602221240479274737794080665351419597459856902143413 (232자리)

= 334780716989568987860441698482126908177047949837137685689124313889828837938780022876147116525317430877378144679994 89 (116자리)

× 367460436667995904282446337996279526322791581643430876426760322838157396665112792333734171433968102700927987363089 17 (116자리)

그림 5.38 소인수 분해(RSA-768)

쇼어 알고리즘에서 사용하는 방식은 소수의 특별한 성질을 이용한다. 그림 5.39은 쇼어 알고리즘의 개요를 보여준다. 새롭게 정의한 함수의 주기를 찾아내면, 이를 이용하여 소인수 분해의 후보를 결정한다. 직접 계산을 통하여 후보들이 인수가 되는 것을 확인하면 계산을 종료하고, 그렇지 않으면 계산을 반복한다. 그림 5.40에 간단한 예를 나타냈다.

$$\text{given } N,\ \gcd(a, N) = 1$$

$$f(x) = a^x \mod N$$

$$r\text{: even period of } f(x)$$

$$(a^{r/2} + 1)(a^{r/2} - 1) = 0 \mod N$$

$$\gcd(a^{r/2} + 1, N),\ \gcd(a^{r/2} - 1, N)\text{: candiates}$$

그림 5.39 쇼어 알고리즘의 개요

$N = 15, \quad a = 7$

$$f(x) = 7^x \mod 15$$

x	0	1	2	3	4	5	6	7	8	9	$\cdots$
$f(x)$	1	7	4	13	1	7	4	13	1	4	$\cdots$

$r = 4, \quad 7^2 + 1 = 50, \quad 7^2 - 1 = 48$

$\gcd(50, 15) = 5, \quad \gcd(48, 15) = 3$

그림 5.40 쇼어 알고리즘의 예시

양자 중첩을 이용하면 함수 오라클을 한번 실행하여 모든 경우를 계산할 수 있다. 이제 결과로 나온 함수 값에서 주기를 빨리 찾을 수 있는 알고리즘이 필요하다. 이러한 기능을 하는 것이 FFT[고속 퓨리에 변환]이다. FFT는 고전 컴퓨터에서도 응용이 많은 알고리즘이어서 단일 알고리즘으로 세상에서 가장 많이 실행되는 알고리즘이라고 한다. 데이터 압축에서도 효과적 이여서 음악 파일이나 동영상 파일을 압축할 때에도 많이 사용한다. 음악을 듣거나 동영상을 시청하면 사용자가 알지 못하지만 컴퓨터는 FFT 알고리즘을 실행한다. 그림 5.41은 양자 회로로 구성한 FFT이다.

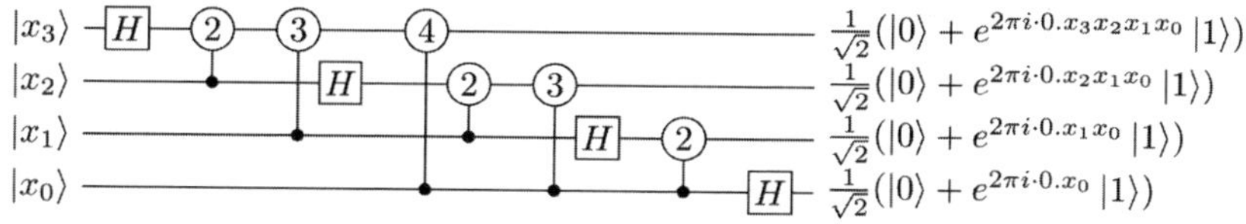

그림 5.41 양자 FFT의 회로

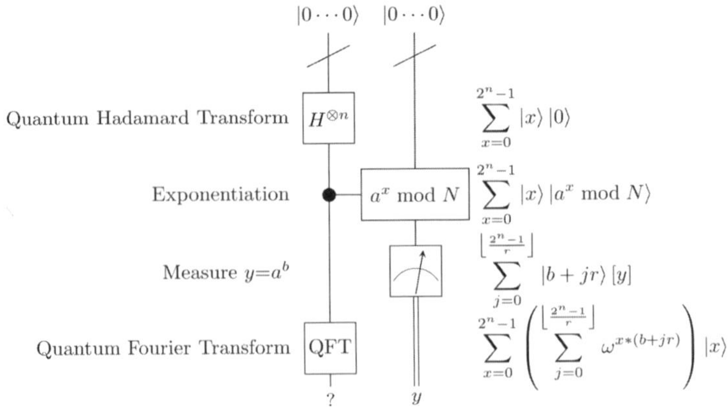

그림 5.42 쇼어 알고리즘 회로

그림 5.42는 쇼어 알고리즘의 회로도이며, 그림 5.43에서 분석된 알고리즘의 성능을 보여준다. 알려진 인수 분해 알고리즘 중에서 가장 좋은 고전 알고리즘에 비하여 지수배 빨라졌다. 필요한 시간이 고전 알고리즘에서는 자리수의 지수에 비례하지만, 쇼어 알고리즘은 자리수의 3승에 비례한다.

Classic: $O(\exp{(\log N)^{1/3}})$

Grover: $O(\log N)^3$

RSA will become insecure.

그림 5.43 쇼어 알고리즘 성능

쇼어 알고리즘으로 소인수 분해에 필요한 시간이 극적으로 단축되어, 소인수 분해가 잘 되지 않는 것을 기반으로 하는 RSA 암호가 이제 안전하지 못하게 되었다. 그래서 양자 컴퓨터에 안전한 새로운 종류의 암호가 필요하게 된다. 암호에 대해서 다음 절에서 알아본다.

5.4 양자 암호

10진수	부호	10진수	부호	10진수	부호	10진수	부호
032		056	8	080	P	104	h
033	!	057	9	081	Q	105	i
034	"	058	:	082	R	106	j
035	#	059	;	083	S	107	k
036	$	060	<	084	T	108	l
037	%	061	=	085	U	109	m
038	&	062	>	086	V	110	n
039	'	063	?	087	W	111	o
040	(	064	@	088	X	112	p
041	)	065	A	089	Y	113	q
042	*	066	B	090	Z	114	r
043	+	067	C	091	[	115	s
044	,	068	D	092	₩	116	t
045	-	069	E	093	]	117	u
046	.	070	F	094	^	118	v
047	/	071	G	095	_	119	w
048	0	072	H	096	`	120	x
049	1	073	I	097	a	121	y
050	2	074	J	098	b	122	z
051	3	075	K	099	c	123	{
052	4	076	L	100	d	124	|
053	5	077	M	101	e	125	}
054	6	078	N	102	f	126	~
055	7	079	O	103	g		

I LOVE YOU.

73 32 76 79
86 69 32 89
79 85 46

그림 5.44 아스키(ASCII) 코드

우리가 사용하는 문자는 컴퓨터 내부에서 2진수로 표현되는 것을 2장에서 보았다. 8비트 데이트 중에서 7비트만 사용하는 아스키ASCII 코드를 그림 5.44에 나타냈다. 컴퓨터 내부에서는 2진수로 표현하지만 우리가 읽기에 편리하도록 다시 10진수로 바꾼 것이다. 오른쪽에 영어 단어를 대응하는 아스키 코드로 나타낸 것이다. 90년대 삐삐 시대에 유행했던 숫자 암호 같이 보인다.

코드는 인간이 느끼기에는 암호 같지만, 모든 컴퓨터가 같은 코드를 사용하기 때문에 진정한 암호는 아니다. 기본적으로 암호는 원하는 사람을 제외한 다른 사람은 해석하지 못해야 한다. 저자가 학생 시절에 혼자서 만든 암호를 하나 소개한다. 아스키 코드가 7비트 158개로 구성되는 것에 착안하여 만든 것이 그림 5.45이다. 암호화된 문장은 해석할 수 없는 문자가 되며, 사전에 암호 방식을 협의했던 사람만이 복호화 하여 정보를 얻을 수 있다.

```
I LOVE YOU.

73 32 76 79 86 69 32 89 79 85 46
```

암호화 $f(x) = 158 - x$

암호
```
85 126 82 79 72 89 126 69 79 73 112

U~ROHY~EOIp
```

복호화 $f^{-1}(x) = 158 - x$

```
73 32 76 79 86 69 32 89 79 85 46

I LOVE YOU.
```

그림 5.45 암호화의 보기

alphabet: $\{0, 1, \cdots, 25\}$

encryption: $f(x) = x + \alpha \mod 26$

decryption: $f^{-1}(x) = x - \alpha \mod 26$

key: α

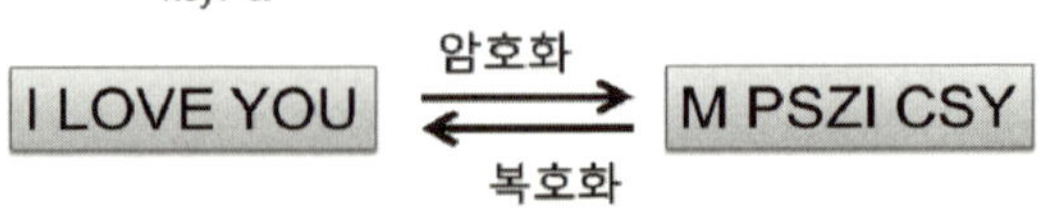

KEY가 노출되면 변경하기 어렵다

그림 5.46 카이사르(Caesar) 암호

한참 후에 비슷한 방식으로 암호화를 하는 것이 벌써 로마 시대에도 존재하는 것을 알게 되었다. 그림 5.46에서 카이사르 암호라고 불리는 암호화 방법을 소개한다. 키로 사용하는 α의 값을 사전에 미리 정하면 암호를 이용하여 다른 사람 모르게 정보를 전달할 수 있다. 그림 5.46의 보기는 $\alpha = 4$를 사용한 것이다. 주어진 키를 암호화와 복호화에 같이 사용하는 방식을 대칭 키 방식이라고 한다. 대칭 키 방식은 간단하고 빠른 장점이 있지만, 키가 노출되면 키를 변경하기 어려운 단점이 있다.

카이사르 암호와 같이 알파벳 단위로 암호화하는 방식은 문자의 빈도 분석을 통하여 암호를 풀 수 있다. 영어에서 가장 자주 나오는 알파벳은 E, T, A 순이고 가장 낮은 빈도의 단어는 Q, X, Z 순이다. 암호문에 있는 알파벳을 빈도 분석을 한 후에 이런 기준으로 대입하고 아는 단어가 나오도록 치환을 변경하면서 암호문을 해독한다. 카이사르 암호는 한번 해독되면 키 값을 알 수 있다. 이제 키 값이 밝혀졌기에 암호문은 암호로서의 효과는 없다. 키 값이 노출된 것을 알지라도, 오프 라인에서 키 값을 직접 전달하는 방식 외에는 다른 방식이 로마시대에는 없었다.

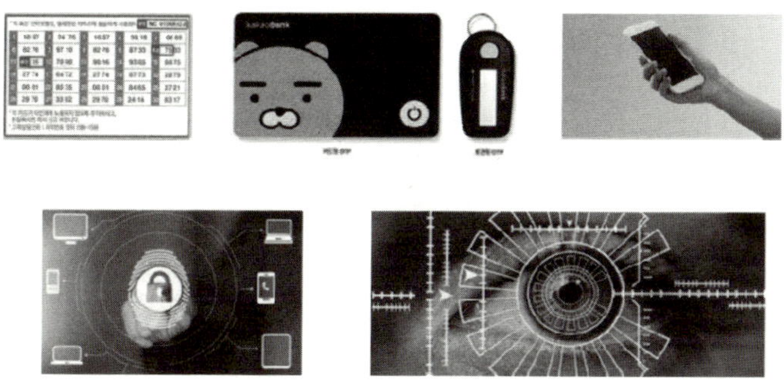

그림 5.47 오프라인 인증

현대에서는 인터넷을 통한 금융 거래가 활발해져서 본인 인증 수단이 많이 발달했다. 그림 5.47은 현재 사용되고 있는 다양한 종류의 본인 인증 수단을 보여준다. 인터넷 뱅킹 초창기부터 사용했던 보안 카드는 요즘에는 안전하지 않다는 인식으로 OTP로 많이 바뀌었다. 휴대폰의 보급으로 휴대폰 인증과 지문, 홍채를 이용한 생체 인증 또한 많이 보급되었다.

다른 것에 비하여 흥미로운 알고리즘이 숨어 있는 것은 OTP이다. OTP는 비밀 번호가 필요할 때 버튼을 누르면 시간에 따라서 다른 무작위 수를 생성한다. 그림 5.47의 다른 인증 방식은 정보를 서버에 미리 등록을 하지만, OTP가 시간 별로 생성하는 비밀번호를 서버에 미리 등록하기 힘들다. 그리고, OTP 기계가 서버와 통신을 하지도 않는다. OTP는 서버에 시각을 씨앗seed number으로 하는 난수 발생 알고리즘을 미리 등록해 둔다. OTP에 저장된 시각과 서버의 시각이 일치하면 서로 같은 난수가 발생되어 등록된 OTP임을 확인한다. 그런데, OTP에 내장된 시계가 매우 정확한 것이 아니여서 시각의 오차가 발생하여 추가적인 오류 정정 알고리즘이 필요하다.

Advanced Encrypton Standard

현재 표준 대칭 암호

key: 256bits (참고: DES 56bits)

RSA에 비해 빠른 속도

key 교환 불편

양자 알고리즘에도 안전

그림 5.48 AES 알고리즘 특징

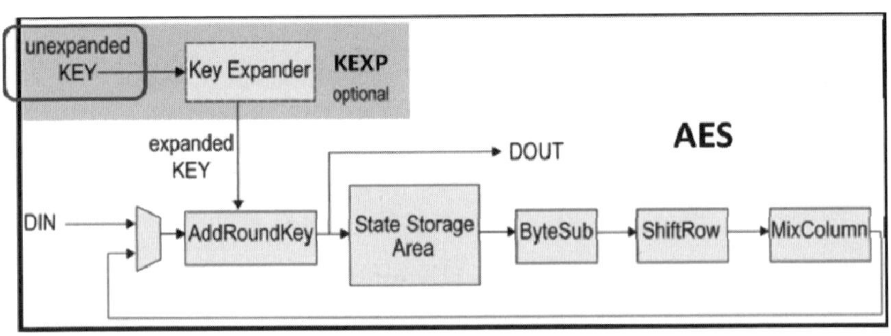

그림 5.49 AES 알고리즘 개요

오프라인에서는 미리 등록을 하는 방식으로 암호를 사용하지만, 온라인에서는 통신의 횟수가 많기 때문에 이런 방식을 사용하지 못한다. 온라인에서 현재 가장 많이 사용하는 암호 알고리즘은 AES와 RSA이다. 그림 5.46과 그림

5.47은 AES의 특징과 알고리즘의 개요이다. AES는 대표적인 대칭 키 방식이여서 암호화하는데 빠른 반면에 키 값을 변경하는 어려움이 있다.

Rivest Shamir Adleman

비대칭 공개키 암호

소인수 분해가 어려운 점을 이용

AES에 비하여 느리다.

그림 5.50 RSA 알고리즘 특징

p, q: prime number, $n = pq$

Euler formula: $m^{\phi(n)} = 1 \mod n$, $\phi(n) = (p-1)(q-1)$

$m \cdot m^{k\phi(n)} = m^{1+k\phi(n)} = m \mod n$ for all k

e, d: $ed = 1 + k\phi(n)$ for some k

$$(m^e)^d = m \mod n$$

Encryption: $f(x) = x^e \mod n$

Decryption: $f^{-1}(x) = x^d \mod n$

Publice Key: (n, e)

Private Key: d

그림 5.51 RSA 알고리즘의 개요

그림 5.48과 5.49는 현재 가장 많이 사용하는 비대칭 키 방식의 RSA암호의 특징과 알고리즘의 개요이다. 비 대칭 키 방식은 키를 두 개를 사용하며 이 중 하나를 공개한다. 이를 공개키public key라고 한다. 이로부터 비대칭 키 방식을 공개키 방식이라고도 한다. 공개하지 않고 비밀로 하는 것을 개인키private key라

고 한다. 공개키를 이용하여 암호화하면, 개인키를 가진 사람만이 복호화하여 정보를 얻을 수 있다. 공개키에서 개인키를 알아내지 못한다는 보장이 있어야 안전한 암호 방식이라고 하겠다. RSA에서는 공개키에서 개인키를 구하려면 소인수 분해가 필요하며 소인수 분해가 시간이 많이 걸린다는 것을 이용한다.

그림 5.50은 AES와 RSA의 특징을 비교한 것이다. RSA 알고리즘은 암호화할 때 상대적으로 계산량이 많은 수학 함수를 이용한다. 그래서, 암호화하는데 AES에 비하여 속도가 느리게 된다. 반면에, 공개키에서 개인키를 얻기 어려워 AES에 비하여 키가 안전하다. 이런 특징을 이용하여 현재 사용하는 방식은 AES의 키를 RSA를 이용하여 교환하고, 전송하려는 정보는 교환된 키를 이용하여 AES로 암호화한다. AES의 키를 암호로 교환할 수 있으므로, 키를 자주 교환할 수 있다. 그리고, 실제 데이터는 AES를 사용하므로 빠른 속도로 전송이 가능하다.

	장점	단점
AES	속도가 빠르다.	Key 교환이 어렵다.
RSA	Key가 안전하다	속도가 느리다.

RSA를 이용하여 AES의 Key 교환

쇼어 알고리즘으로 RSA가 안전하지 않음

양자통신을 이용하여 Key 교환

그림 5.52 AES와 RSA의 비교

앞에서 쇼어 알고리즘으로 RSA가 불안전하다는 것을 설명했다. 그림 5.53은 현재 사용하는 암호 알고리즘을 양자 알고리즘을 이용할 때 해독하는데 걸리는 시간을 추정한 것이다. 그로버 알고리즘을 사용해야만 하는 암호는 상대적으로 안전하고, 쇼어 알고리즘을 적용할 수 있는 것은 불안하다. 하지만, 필요한 논리 큐비트의 수가 약 8000개이므로 아직은 안전하다고 할 수 있다.

암호	Key크기	양자알고리즘	논리 큐비트수	걸리는 시간
AES	256	그로버	6681	2×10^{32}년
RSA	4096	쇼어	8194	229 시간
ECC	521	쇼어	4719	55 시간
SHA256	N/A	그로버	2403	2×10^{7}년

현재 RSA 2048 사용, 4096 권장

그림 5.53 암호의 양자 탄력성

하지만, 역사에서 보듯이 첨단기술은 어느 순간에 갑자기 폭발적으로 발전하는 경향이 있다. 양자 컴퓨터 또한 가용할 수 있는 큐비트의 수가 어느 순간에 갑자기 증가할 수 있다. 그때 위험해진 암호 규약을 전부 없애고 새로운 걸로 바꾸는 것은 힘들다. 전 세계의 모든 기계에서 사용하고 있는 암호 규약을 전부 새로운 것으로 바꾸는 데에는 10년 이상의 시간이 걸리는 것을 경험적을 알고 있다.

고전 암호학에서도 양자 알고리즘에 안정적인 새로운 암호를 찾고 있다. 여기서는 양자 상태를 이용하는 양자 암호를 소개한다. 그림 5.54는 베네트, 브라사드가 1984년에 제시한 양자 암호 통신 규약[BB84]이다.

우선 앨리스가 보내고자 하는 정보를 이진수의 비트로 표현한다. 그런 후에 큐비트의 기저를 |0>, |1> 또는 |+>, |−> 중에서 무작위로 선택한다. 선택한 기저를 이용하여 큐비트의 상태를 이진수 비트와 일치하게 만든다. 이 큐비트를 밥에게 보낸다. 밥 또한 무작위로 기저를 선택한다. 그런후 받은 큐비트를 측정한다. 앨리스가 선택한 기저와 밥이 선택한 기저가 일치하면 밥이 관측한 값은 앨리스가 보내고자 한 값과 일치한다. 그렇지 않으면 1/2의 확률로 일치하게 된다. 이제 다른 고전 통신을 이용하여 앨리스와 밥이 각자 사용한 기저를 교환한다. 이 정보는 누설되어도 다른 사람은 추가적으로 유용한 정보를 얻을

수 없다. 사용한 기저의 정보를 얻은 밥과 앨리스는 일치하는 기저가 사용된 것의 비트만을 모은다. 이 비트의 값은 서로 일치한다. 이 값을 향후 AES 암호 통신의 키 값으로 사용하여 앨리스와 밥이 통신을 하게된다.

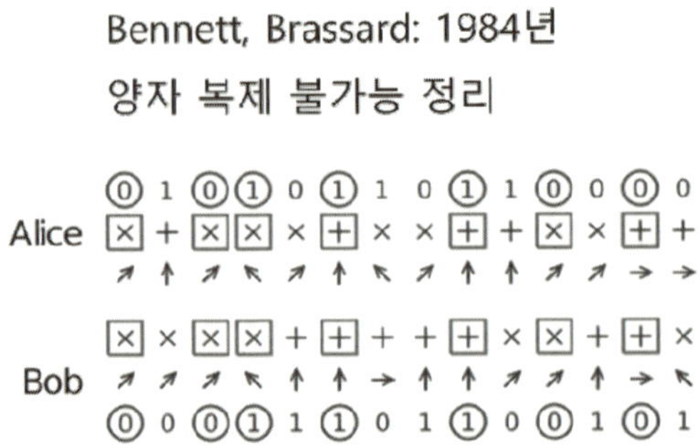

그림 5.54 양자 암호(BB84)

중간에 도청자인 찰스가 있을 수 있기에, 추가적인 안전 장치를 도입한다. 찰스가 도청을 하면 양자 복제 불가능 정리로 밥이 받은 큐비트가 왜곡된다. 그래서, 앞에서 같은 값을 가질 것으로 예상하는 비트들의 절반을 앨래스와 밥이 서로 교환해서 비교해 본다. 중간에 찰스가 있다면, 같은 값을 가져야 하는 비트의 값에 확률 1/2로 다른 값이 존재하게 된다. 비교한 값이 일치하면 도청되지 않았으므로 키 값을 안전하게 사용하고, 다른 값이 존재하면 도청되었기에 모든 정보를 버리고 다시 시작한다. 이런 원리의 BB84를 SKT에서 구현하여 상용화하였다.(그림 5.55) 이외에도 얽힘을 이용한 EK91, B92 규약도 있다.

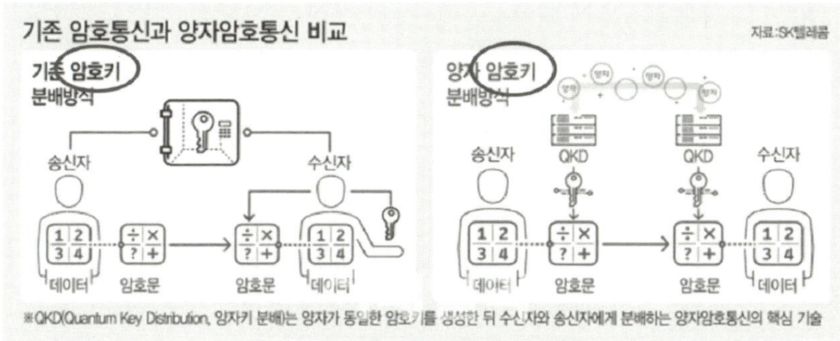

그림 5.55 SKT의 양자암호통신

5.5 정리하면

지금까지 양자 컴퓨터를 구성하는 양자 게이트와 양자 알고리즘을 대표하는 그로버 알고리즘과 쇼어 알고리즘을 알아봤다. 그리고, 양자 암호에 대하여 소개하였다. 그 외에 많은 분야에게 양자 컴퓨터를 활용하는 알고리즘들이 연구되어 계속 발표되고 있는 상황이다. 저자가 담당하고 있는 파생상품 가격 계산에 대한 양자 알고리즘 또한 현재 나와있다.

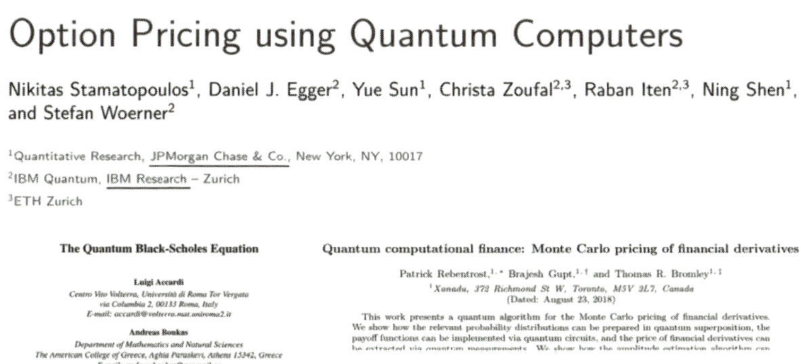

Option Pricing using Quantum Computers

Nikitas Stamatopoulos[1], Daniel J. Egger[2], Yue Sun[1], Christa Zoufal[2,3], Raban Iten[2,3], Ning Shen[1], and Stefan Woerner[2]

[1]Quantitative Research, JPMorgan Chase & Co., New York, NY, 10017
[2]IBM Quantum, IBM Research – Zurich
[3]ETH Zurich

The Quantum Black-Scholes Equation

Luigi Accardi
Centro Vito Volterra, Università di Roma Tor Vergata
via Columbia 2, 00133 Roma, Italy
E-mail: accardi@volterra.mat.uniroma2.it

Andreas Boukas
Department of Mathematics and Natural Sciences
The American College of Greece, Aghia Paraskevi, Athens 15342, Greece
E-mail: andreasboukas@acgmail.gr

Quantum computational finance: Monte Carlo pricing of financial derivatives

Patrick Rebentrost,[1,*] Brajesh Gupt,[1,†] and Thomas R. Bromley[1,‡]
[1]Xanadu, 372 Richmond St W, Toronto, M5V 2L7, Canada
(Dated: August 23, 2018)

This work presents a quantum algorithm for the Monte Carlo pricing of financial derivatives. We show how the relevant probability distributions can be prepared in quantum superposition, the payoff functions can be implemented via quantum circuits, and the price of financial derivatives can

그림 5.56 파생상품 가격 계산의 양자 알고리즘 논문들

RSA를 위협하는 쇼어 알고리즘에서 보았듯이, 실세계에서 성능을 발휘할 정도의 계산에 필요한 논리 큐비트의 수는 현재 클라우드로 서비스되고 있는 양자 컴퓨터의 큐비트의 수에 비하여 매우 크다. 그래서, 고전 컴퓨터와 달리 알고리즘이 하드웨어보다 먼저 발달하고 있는 형국이다.

90년대에 CPU가 빠른 속도로 발달할 때, 당시에는 소프트웨어가 하드웨어의 발전 속도를 따라가지 못한다는 평이 많았고, 그때부터 소프트웨어 엔지니어링이 주목을 받으면서 요즘에는 DSL Domain Specific Language라는 개념의 스크립트 언어와 편리한 GUI를 제공하는 소프트웨어 및 이를 개발하는 프레임워크가 많이 개발되었다.

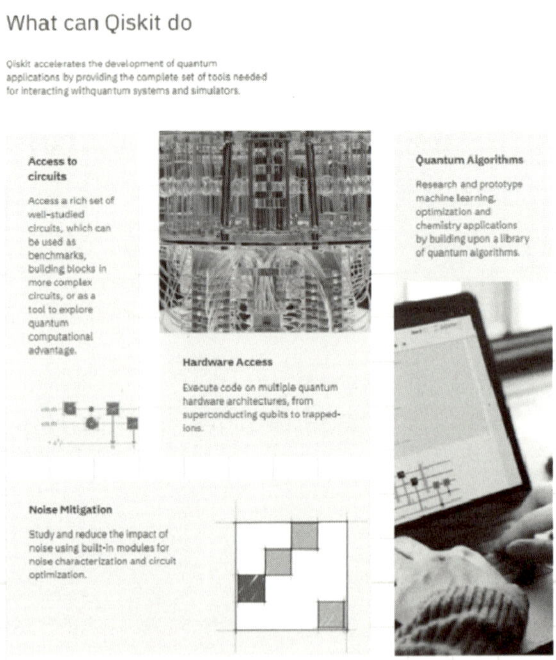

그림 5.57 양자 QDK. IBM의 Qiskit

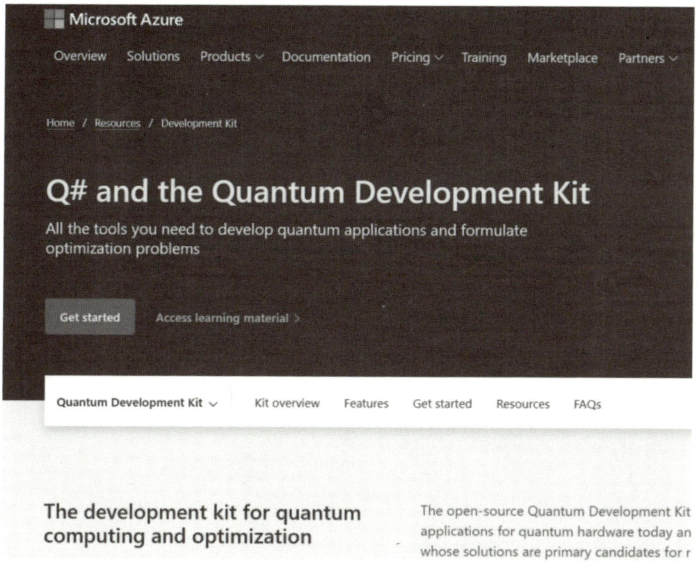

그림 5.58 양자 QDK. MS의 Q#

양자 컴퓨터의 개발자가 아닌 사용자 입장에서는 고전 컴퓨터를 기반으로 하는 소프트웨어의 생태계가 더 절실하다. 물론 이것도 시간이 지나면 언젠가 양자 컴퓨터를 기반으로 구축이 될 것이다. 하지만, 현재 인터넷에 공개된 양자 소프트웨어의 개발 도구들은 양자 컴퓨터를 전문으로 하는 연구용 수준이다.

저자는 클라우드에 연결된 수 많은 컴퓨터를 동시에 사용하여 파생 상품의 가격을 계산한다. 계산 시간을 줄이기 위하여 보다 더 많은 컴퓨터를 이용해야 하는 상황이다. 이러한 계산을 양자 컴퓨터로 구현하여 빛의 속도로 끝낼 수 있는 날을 기대해 본다.

참고도서

- 리처드 파인만, ≪파인만씨 농담도 잘하시네.≫, 사이언스북스
- 리처드 니스벳, ≪생각의 지도≫, 김영사
- 찰스 펫졸드, ≪CODE≫, 인사이트
- 프리초프 카프라, ≪현대 물리학과 동양사상≫, 범양사
- 게어리 주커브, ≪춤추는 물리≫, 범양사
- 크리스 베른하트, ≪양자 컴퓨터의 원리와 수학적 기초≫, 에이콘 출판
- 파라그 랄라, ≪양자 컴퓨팅 입문≫, 에이콘 출판
- 리처드 파인만, ≪파인만의 물리학 강의≫, 승산
- 니콜라스 지생, ≪양자 우연성≫, 승산
- Valerio, ≪Quantum Physics: A First Encounter: Interference, Entanglement, and Reality≫, Oxford University Press
- Nielsen and Chuang, ≪Quantum Computation and Quantum Information≫, Cambridge University Press

저/자/소/개

추 정 호

KAIST에서 수학과 기계공학을 공부했고 퀀트로서 증권사에서 15년간 ELS와 관련된 금융공학 분야의 일을 했다. 클라우드 컴퓨터를 금융권에 도입했고 세계 인명 사전에 등재되었으며 양자 컴퓨터, 인공지능, 음악수학에 흥미를 가진다. 삭막한 정서로 피아노와 드럼을 연습하며, 굳어 가는 몸으로 단전호흡을 한다.

금붕어의 양자 컴퓨터 이야기

2021년 4월 15일 | 1판 1쇄 인쇄
2021년 4월 20일 | 1판 1쇄 발행

지 은 이 | 추정호
발 행 인 | 김은중
발 행 처 | 서울경제경영출판사
북 디 자 인 | (주)우일미디어디지텍

주 소 | 03767 서울특별시 서대문구 신촌로 205, 506호
전 화 | 02)313-2682
팩 스 | 02)313-8860

등 록 | 1998년 1월 22일 제5-63호

ISBN : 979-11-6282-087-2 (93000) 정가 15,000원